Julie chez vous !

JULIE ANDRIEU PRÉSENTE

JULIE CHEZ VOUS !

PHOTOGRAPHIES DE KARYM BAGOÉE
& ISABELLE ROZENBAUM

LES RECETTES DE L'ÉMISSION « JULIE CHEZ VOUS »
TEXTES ET RECETTES DE JULIE ANDRIEU

MARABOUT

avant-PROPOS

Les recettes que vous retrouverez dans ce livre sont issues d'une émission diffusée sur TF1 et intitulée « Julie chez vous ».
Je portais en moi le désir de cette aventure depuis déjà plusieurs années. J'avais eu la chance d'installer ce concept sur Internet et l'expérience avait été des plus fertiles et des plus joyeuses.
Lorsque TF1 nous a donné carte blanche pour investir une courte « case » à l'heure du déjeuner (2 minutes un peu avant midi), en partenariat avec Lesieur, je n'ai pas hésité une seconde : c'est en famille que je souhaitais cuisiner.
L'idée était simple : me frotter à la cuisine du quotidien,« débarquer » dans une famille pour aider chacun à cuisiner différemment, selon ses critères : plus facile, original, léger, rapide... Bref, j'allais tenter de jouer « les cuisinières bien-aimées ».
Cette envie est née des courriers, Emails et autres témoignages d'encouragements de lecteurs ou téléspectateurs. Force est de constater, qu'au regard de ces lettres, ce public n'appartient à aucune catégorie d'âge ou de classe sociale particulière (de Téva à TF1, en passant par France 5, il faut dire que je « déclasse » sec !).
Un constat qui me réjouit et m'engage à continuer d'unir tous les profils et autres « cibles » - selon la formule des as du marketing - autour d'un credo : cuisiner, ça fait du bien et cuisiner à plusieurs, c'est encore meilleur !
Le choix des familles ne fut pas aisé, à la limite du casse-tête (merci à tous ceux qui ont répondu à nos appels à candidatures, à nos castings plus ou moins sauvages).
Les critères étaient nombreux : enfants à la maison, vaste cuisine, joie de vivre communicative, disponibilité de tous, intérêt pour la cuisine, personnalités ni trop consensuelles ni trop marginales, etc. Nos familles sont tout cela, mais surtout beaucoup plus. De ce qui ne se lit pas sur une fiche descriptive ou ne se livre pas au téléphone : elles ont toutes en commun une merveilleuse générosité et une inépuisable soif de partage et de découvertes.
Pour éviter la relation fugace, donc artificielle, habituellement imposée par le rythme des tournages en extérieur - parfois 5 lieux différents dans une journée – j'ai souhaité m'installer dans chaque famille. Avec toute l'équipe de « Julie chez vous », nous avons ainsi passé 8 à 10 jours dans chacune des maisons. Si, faute de place, nous n'y dormions pas, nous partagions tous les moments de la journée, rencontrions les amis, et apprenions à nous connaître chaque jour davantage.

Ingrid, Christine, Soazig, Florence, Hervé, Astrid, Téo, Jildas, Caroline, Léa, Tom, Morgane, Jérôme, Pierre, Hermine, Alexandre, vous avez été géniaux. Et peut-être suis-je celle qui a le plus appris de nos échanges.
Ce livre vous est dédié, évidemment.

Myriam n'oublie pas les retouches. Séances maquillage Julie.

Conseils de Bénédicte avant le «moteur».

Répétition pour se souvenir des proportions.

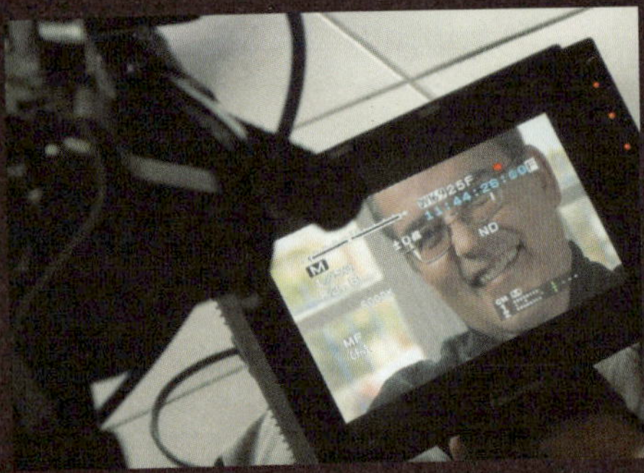

On s'amuse autant au ministère ?

Ah bon, tu crois ?

Comment faire une salade de nectarines au fromage ~~du~~ de chèvre.

Les entrées faciles

ajo blanco
une soupe d'amandes à la sévillane

POUR 4 PERSONNES
PRÉPARATION : 20 MINUTES
CUISSON : 10 MINUTES

1 LITRE DE LAIT
1 GOUSSE D'AIL
100 G D'AMANDES
1 CUILLÈRE À CAFÉ DE GROS SEL
1 DOSE DE SAFRAN EN FILAMENTS
1 TRANCHE DE PAIN BLANC DE **1,5** CM D'ÉPAISSEUR ENVIRON + **4** TRANCHES POUR LE SERVICE
HUILE D'OLIVE
POIVRE BLANC

1 Si elles ne sont pas pelées, plongez les amandes dans de l'eau bouillante pendant 30 secondes, puis égouttez-les et pelez-les.

2 Dans un mortier, pilez l'ail avec le safran et le sel jusqu'à l'obtention d'une pâte.

3 Dans une casserole, faites chauffer le lait avec les amandes, le pain sans croûte coupé en gros dés et la pâte à l'ail. Faites mijoter à feu doux 10 minutes.

4 Mixez longuement au mixeur plongeant pour créer une mousse. Assaisonnez d'huile d'olive juste avant de servir. Poivrez de poivre blanc et accompagnez la préparation de pain grillé et huilé frotté à l'ail.

conseil
Pour éviter les petits morceaux d'amandes, filtrer avant de servir.

Maquillage

Rien de mieux que le mortier.

Alexandre se réjouit : l'ail, il adore ça.

Peler les amandes… c'est un peu long !

Tu sens leur parfum ?

Il faut piler pour obtenir une pâte

Le lait + les amandes + le pain + la pâte à l'ail

L'ASTUCE
Ébouillantez les amandes pour les peler plus facilement.

Au moment de servir, pain grillé, huilé et frotté à l'ail.
Alexandre adore…

WRAP BLT (BACON, LAITUE, TOMATE)

POUR 4 PERSONNES
PRÉPARATION : 15 MINUTES
CUISSON : 1 MINUTE

2 PAINS LAVASH (PAIN ORIENTAL PLAT ET SOUPLE, DISPONIBLE SOUS VIDE EN GRANDE SURFACE)
1 PETITE SALADE CROQUANTE (TYPE SUCRINE)
1 BELLE TOMATE
1 AVOCAT BIEN MÛR
8 TRANCHES FINES DE LARD FUMÉ
2 CUILLÈRES À SOUPE DE MAYONNAISE
POIVRE

1 Déposez les tranches de lard sans les superposer sur du papier absorbant posé sur une assiette. Recouvrez de papier absorbant. Faites cuire le tout 1 minute à 700 W au micro-ondes. Le bacon doit être bien croustillant. Si ce n'est pas le cas, repassez-les au micro-ondes quelques secondes.

2 Lavez la salade et la tomate. Coupez la tomate en deux et émincez-la finement. Réservez.

3 Coupez les feuilles de salade en lanières de 2 cm de large environ sur la longueur.

4 Pelez l'avocat et écrasez grossièrement la chair avec la mayonnaise.

5 Déroulez les pains et coupez-les en deux (ils doivent mesurer environ 20 cm sur 20).

6 Étalez l'avocat-mayonnaise en laissant 1 à 2 cm de bords vierges.

7 Déposez les lamelles de tomates, les tranches de bacon et terminez par la salade. Poivrez.

8 Roulez progressivement en serrant bien. Coupez au centre et… croquez.

L'ASTUCE : Faites cuire le bacon au micro-ondes, il sera moins gras et vous éviterez les odeurs de friture.

Fausse tarte
tomate-mozza

POUR 4 PERSONNES
PRÉPARATION : 20 MINUTES
REPOS : 3 HEURES

4 BELLES TOMATES BIEN MÛRES ET PARFUMÉES
3 FEUILLES DE GÉLATINE
2 BOULES DE MOZZARELLA DE BUFFLE (SI POSSIBLE)
½ BOUQUET DE BASILIC
½ BOUQUET DE CIBOULETTE
½ BOUQUET DE PERSIL PLAT
UNE VINGTAINE D'OLIVES NOIRES
3 CUILLÈRES À SOUPE D'HUILE D'OLIVE
1 CUILLÈRE À SOUPE D'UN BON VINAIGRE BALSAMIQUE
SEL ET POIVRE

1 Lavez les tomates et coupez-les en quatre, puis en huit. Ajoutez 1 cuillère à café de sel fin et malaxez-les au-dessus d'un saladier pour retirer les pépins et presser tout leur jus. Posez une passoire fine au-dessus d'un plat creux et versez la pulpe de tomates dedans. Vous devez obtenir 60 cl de jus. Si ce n'est pas le cas, complétez avec du jus de tomate.

2 Laissez égoutter 30 minutes en remuant de temps en temps.

3 Pendant ce temps, plongez les feuilles de gélatine dans de l'eau froide.

4 Versez le jus de tomates dans une casserole et faites chauffer sans bouillir. Ajoutez la gélatine essorée. Mélangez jusqu'à ce qu'elle soit fondue. Versez-la dans 4 petits moules plats huilés et faites prendre au frais pendant au moins 3 heures.

5 Égouttez et émincez la mozzarella. Hachez les olives. Lavez et séchez les herbes, ciselez-les et assaisonnez-les avec l'huile d'olive et le vinaigre.

6 Démoulez les gelées sur les assiettes (ou laissez-les dans les ramequins si vous voulez vous simplifier la vie), couvrez de mozzarella, décorez avec les salades d'herbes et les olives. Poivrez le tout et servez frais mais pas froid, accompagné de tranches fines de pain de campagne grillé.

Variante

Vous pouvez remplacer la mozzarella par du chèvre.
Dans ce cas, prévoyez 2 petits chèvres frais.

L'ASTUCE : METTEZ LES FEUILLES DE GÉLATINE DANS L'EAU UNE PAR UNE POUR ÉVITER QU'ELLES NE COLLENT ENTRE ELLES.

SALADE DE PETITS POIS ET LENTILLES AU CITRON

POUR 4 PERSONNES
PRÉPARATION : 15 MINUTES
CUISSON : 15 MINUTES

200 G DE LENTILLES
500 G DE PETITS POIS DANS LEUR COSSE
OU **200** G DE PETITS POIS ÉCOSSÉS
FRAIS OU SURGELÉS
3 CUILLÈRES À SOUPE D'HUILE D'OLIVE
LE JUS DE ½ CITRON + LE ZESTE
1 BRANCHE DE MENTHE FRAÎCHE
2 GOUSSES D'AIL
2 BRINS DE THYM
2 OIGNONS FRAIS (BOTTE)
OU **1** PETIT OIGNON OU **1** ÉCHALOTE
SEL ET POIVRE

1 Écossez les petits pois. Émincez finement les oignons. Lavez et râpez le zeste du demi-citron. Pressez le jus.

2 Versez les lentilles dans une casserole, ajoutez 1 litre d'eau froide, les gousses d'ail pelées et coupées en deux, puis les brins de thym. Ne salez pas, couvrez et portez à ébullition. Faites cuire 12 minutes dès la reprise de l'ébullition.

3 Pendant ce temps, lavez, séchez et émincez la menthe.

4 Jetez les petits pois dans l'eau bouillante à la fin de la cuisson. Salez généreusement et laissez cuire encore 3 minutes. Égouttez le tout.

5 Versez dans un saladier, ajoutez l'huile d'olive, le jus de citron, l'oignon, la menthe, salez, poivrez et remuez. Servez tiède ou froid, mais jamais glacé.

L'astuce : salez les légumes secs en cours de cuisson pour éviter qu'ils ne durcissent.

SALADE DE FENOUIL
au citron confit

POUR 8 PERSONNES
PRÉPARATION : 10 MINUTES
PAS DE CUISSON

2 BULBES DE FENOUIL
1 PETIT CITRON CONFIT
4 CUILLÈRES À SOUPE D'HUILE D'OLIVE
1 BONNE CUILLÈRE À SOUPE D'ANCHOÏADE
2 CUILLÈRES À SOUPE DE JUS DE CITRON VERT
3 BRINS DE CORIANDRE
2 CUILLÈRES À SOUPE DE CORIANDRE EN GRAINS
SEL ET POIVRE

1 Dans le saladier, mélangez le jus de citron, l'anchoïade et l'huile, poivrez, salez peu, ajoutez le citron confit coupé en petits dés.

2 Coupez les bulbes de fenouil en deux, retirez les feuilles et les tiges extérieures. Lavez et séchez-les. Retirez le cœur. Émincez finement le bulbe et mettez-le dans le saladier. Remuez et réservez au frais.

3 Concassez les grains de coriandre au mixeur ou dans un mortier, lavez et séchez les feuilles puis ciselez-les grossièrement. Ajoutez-les à la salade. Servez tout de suite ou laissez reposer 1 à 2 heures.

variante

Pour un goût plus original encore, remplacez le jus de citron par un petit citron confit coupé en dés.

L'astuce : si les bulbes de fenouil sont un peu abîmés surtout n'enlevez pas les côtes de surface car le déchet serait trop important. Pelez-les comme des pommes, avec un couteau économe.

SOUPE DE POULET THAÏ
AU LAIT DE COCO

POUR 8 PERSONNES
PRÉPARATION : 10 MINUTES
CUISSON : 5 MINUTES

3 FILETS DE POULET DE 150 G CHACUN
1 LITRE DE LAIT DE COCO
1 CUBE DE BOUILLON DE VOLAILLE
2 CM DE GINGEMBRE FRAIS
3 CUILLÈRE À SOUPE DE NUOC-MÂM
LE JUS ET LE ZESTE DE 1 CITRON VERT
200 G DE CHAMPIGNONS DE PARIS EN BOÎTE (ENVIRON)
2 TIGES DE CITRONNELLE FRAÎCHE (À COMMANDER CHEZ VOTRE PRIMEUR)
SAUCE CHILI
QUELQUES TIGES DE CORIANDRE FRAÎCHE
1 PIMENT ROUGE FRAIS (FACULTATIF)

1 Pelez le gingembre, coupez-le en tranches fines. Détaillez la citronnelle en tronçons en laissant la partie la plus verte. Lavez et séchez la coriandre. Égouttez les champignons.

2 Faites chauffer le lait de coco dans une casserole avec le cube de bouillon et 25 cl d'eau. Ajoutez le zeste de citron, le gingembre, la citronnelle, le nuoc-mâm, les champignons rincés et égouttés puis le poulet coupé en lamelles.

3 Laissez cuire à frémissement 5 minutes. Retirez du feu et ajoutez le jus de citron.

4 Décorez avec la coriandre et éventuellement avec des zestes de citron vert finement taillés et des lamelles très fines de piment rouge.

L'astuce : pour que la citronnelle lâche plus de parfum, écrasez-la au pilon. Vous pouvez aussi la remplacer par des feuilles de citron (vendues avec quand ils sont bio).

Salade de nectarines au fromage de chèvre ...de Sainte-Montaine !

POUR 4 PERSONNES
PRÉPARATION : 15 MINUTES
PAS DE CUISSON

- 100 G DE MÂCHE OU DE POURPIER
- 1 CROTTIN MI-SEC
- 4 NECTARINES MÛRES MAIS FERMES
- 2 PETITS OIGNONS FRAIS (BOTTES)
- 50 G D'AMANDES ENTIÈRES PELÉES (IDÉALEMENT FRAÎCHES)
- 3 CUILLÈRES À SOUPE D'HUILE D'OLIVE
- 1 OU 2 CUILLÈRES À SOUPE DE JUS DE CITRON
- 3 BRINS DE BASILIC
- SEL, POIVRE

1 Lavez et épluchez la mâche : coupez les barbes (ou effeuillez le pourpier). Déposez la mâche dans un saladier évasé.

2 Pelez les oignons et émincez-les finement, puis déposez-les sur la salade.

3 Lavez et séchez les nectarines. Coupez-les en quatre autour du noyau, puis recoupez chaque quartier en deux. Détachez les segments en vous aidant de la lame du couteau et déposez-les sur les oignons.

4 Ajoutez enfin les feuilles de basilic déchirées à la main, puis les amandes coupées en deux.

5 Arrosez le tout d'huile d'olive, puis de jus de citron. Salez et poivrez.

6 Découpez le chèvre en tranches fines au-dessus du saladier et servez tel quel, sans remuer, pour ne pas écraser les nectarines.

Variante

Vous pouvez remplacer les nectarines par des abricots pas trop mûrs et le chèvre par du parmesan. En saison, privilégiez les amandes fraîches.

Préparation, derniers réglages...

On coupe les oignons
en long, c'est plus joli !

Hervé coupe encore plus
fin que moi !

Les nectarines, comment ça s'épluche ?

Tout est coupé !!!

On arrose d'huile et on dépose le fromage dessus...

Ça tourne encore ?

L'ASTUCE
Ne mélangez pas
la salade pour préserver
la présentation.

SALADE DE CANARD
POURVU QUE ÇA THAÏ !

POUR 4 PERSONNES
PRÉPARATION : 20 MINUTES
CUISSON : 5 MINUTES

2 MAGRETS DE CANARD
1 ½ ÉCHALOTE (GRISES)
1 CUILLÈRE À SOUPE D'HUILE
3 TIGES DE CITRONNELLE FRAÎCHE
LE JUS DE **½** CITRON VERT + LE ZESTE RÂPÉ
2 CUILLÈRES À SOUPE DE NUOC-MÂM
1 CUILLÈRE À SOUPE DE SUCRE
2 CUILLÈRES À SOUPE DE RIZ THAÏ CRU
1 PETIT BOUQUET DE MENTHE
4 FEUILLES DE CHOU FRISÉ OU DE LAITUE
1 PINCÉE DE PIMENT (OU **1** CUILLÈRE À CAFÉ DE PÂTE DE CREVETTES PIMENTÉE)

1 Pelez et émincez finement les échalotes.

2 Retirez les feuilles extérieures des tiges de citronnelle, coupez-les en deux dans l'épaisseur et émincez-les finement sur 10 cm environ, en partant de la base blanche. Mélangez aux échalotes, puis déposez-les dans un saladier.

3 Faites dorer le riz dans une poêle sèche jusqu'à ce qu'il soit blond. Concassez-le au mortier ou au mixeur par à-coups pour éviter l'effet « poudre ». Réservez.

4 Lavez et émincez la menthe.

5 Lavez et râpez le zeste du citron. Pressez le jus et versez-le dans le saladier.

6 Retirez la graisse des magrets. Coupez-les grossièrement et hachez la chair au robot, sans chercher à en faire une purée trop fine.

7 Faites chauffer l'huile dans une poêle ou un wok, mettez le canard, ajoutez 3 cuillères à soupe d'eau et faites sauter pendant 2-3 minutes sans cesser de remuer. Le canard doit être encore un peu cru (c'est une sorte de tartare poêlé).

8 Retirez du feu puis incorporez au reste des ingrédients.

9 Saupoudrez de riz et décorez de feuilles de menthe entières. Servez tiède dans des feuilles de chou frisé ou de laitue.

L'astuce : achetez de préférence de la citronnelle fraîche, elle se conserve 3 à 4 jours dans le bac à légumes du réfrigérateur. Si vous ne l'utilisez pas tout de suite ou si vous voulez en faire un stock, n'hésitez pas à la congeler ! C'est de loin le meilleur moyen de conservation et elle aura toujours beaucoup plus de goût que la citronnelle sèche.

mille-feuille de betterave au fromage de chèvre

POUR 4 PERSONNES
PRÉPARATION : 10 MINUTES
PAS DE CUISSON

1 GROSSE BETTERAVE CUITE AU FOUR (350 G ENVIRON) OU 3 PETITES
300 G DE FROMAGE DE CHÈVRE FRAIS
3 CUILLÈRES À SOUPE D'HUILE DE NOIX
4 CUILLÈRES À SOUPE DE VINAIGRE BALSAMIQUE
10 BRINS DE PERSIL PLAT OU DE CERFEUIL
SEL ET POIVRE
40 G DE PIGNONS (EN OPTION)

1 Faites dorer les pignons dans une poêle sèche.

2 Lavez et séchez 2 brins de persil puis ciselez-les. Écrasez le chèvre, ajoutez 2 cuillères à soupe d'huile de noix, éventuellement la moitié des pignons concassés et le persil ciselé. Salez légèrement et poivrez.

3 Pelez la betterave et coupez-la en rondelles de 5 mm d'épaisseur environ. Vous pouvez préparer la recette à l'avance jusqu'à ce stade.

4 Déposez quatre des plus larges rondelles de betterave dans quatre assiettes. Couvrez d'un peu de chèvre puis déposez un brin de persil de façon qu'il dépasse, reposez une rondelle de betterave, un peu de chèvre, un brin de persil et une dernière rondelle de betterave. Terminez par une quenelle de chèvre. Arrosez du reste d'huile de noix et saupoudrez de pignons.

5 Faites réduire le vinaigre balsamique en le faisant chauffer dans une petite casserole. Quand il est sirupeux, arrosez rapidement les assiettes, poivrez et servez bien frais avec du pain grillé.

conseil

Préférez toujours les betteraves cuites au four : on les reconnaît à leur aspect fripé et terne (contrairement à celles cuites à la vapeur, lisses et brillantes) et la légère caramélisation qu'elles ont subie à la cuisson leur donne saveur incomparable. Si vous voulez cuire vous-même les betteraves, lavez-les et séchez-les puis faites-les cuire à plat dans un plat 1 h 40 à 2 heures à 160 °C, selon leur calibre.

L'astuce : assaisonnez de vinaigre balsamique réduit pour décorer.

Barquette de thon germon aux herbes fraîches

POUR 4 PERSONNES
PRÉPARATION : 10 MINUTES
PAS DE CUISSON

320 G DE THON GERMON AU NATUREL
2 POIGNÉES DE FEUILLES DE MENTHE
2 POIGNÉES DE FEUILLES DE CORIANDRE FRAÎCHE
1 CITRON (ZESTE DE JUS) NON TRAITÉ
2 CUILLÈRES À SOUPE D'HUILE D'OLIVE
3 GOUTTES DE TABASCO
QUELQUES TOMATES CERISES
2 ENDIVES
SEL ET POIVRE BLANC

1 Égouttez le thon et écrasez-le à la fourchette.

2 Lavez, séchez et ciselez les herbes en réservant quelques feuilles de coriandre entières pour décorer.

3 Arrosez le thon d'huile et de jus de citron. Ajoutez le zeste de citron râpé et les herbes ciselées. Mélangez.

4 Salez peu, poivrez et assaisonnez de Tabasco. Mélangez de nouveau.

5 Coupez les pieds des endives et remplissez-les de thon, décorez avec une demi-tomate cerise et une feuille de coriandre. Servez frais.

De l'huile, du Tabasco, des herbes...

On ajoute le thon en boîte... mais du bon !

Allez, on remplit les endives.

C'est bon ?

Jildas fait encore des blagues !

Un peu de concentration... on dirait que ça plaît.

Confession pas très intime...

Et voilà, c'est dans la boîte !

Avec les doigts, bien sûr !

L'ASTUCE

Coupez toujours les herbes au dernier moment car elles s'oxydent très vite.

Le foie gras : Dénerver sans s'énerver...

POUR 1 FOIE GRAS
PRÉPARATION : 10 MINUTES

1 FOIE GRAS FRAIS DE 500 À 600 G ENVIRON

1 Sortez le foie du réfrigérateur 20 à 30 minutes avant de le dénerver (ni plus ni moins, il doit être souple mais encore froid). Grattez un peu la « peau » qui se situe à la pointe.

2 Plongez un couteau très tranchant et très fin dans de l'eau chaude et coupez le foie dans l'épaisseur en 3 grosses tranches. Retirez les veines apparentes avec un pic ou une pince à épiler. Cette technique permet de mettre en évidence tous les gros nerfs en évitant de mettre le foie en charpie. De cette façon, il va perdre beaucoup moins de gras à la cuisson et votre terrine aura meilleure apparence.

Règle n°1

Choisir des foies gras de qualité "extra", d'un poids de 400 à 500 g pour le canard ; ils varient du crème au beige rosé et ne présentent pas de meurtrissures.

Règle n°2

Veiller particulièrement à la pointe du lobe du foie gras qui doit être ferme sous le doigt. L'ensemble doit être : ferme, souple, lisse, ni dur, ni cassant, ni grisâtre, sans tache, d'une couleur uniforme.

Règle n°3

Lors de l'achat « sous vide », veiller à regarder très attentivement l'étiquette qui vous donnera les mentions écrites clairement avec le type de produit extra ou tout venant (« TV » sur les emballages signifie Tout venant).
Sur l'étiquette est indiquée la composition : c'est elle qui détermine, si le foie est de bon rapport qualité/prix.

Conseil

Pour reconstituer plus facilement le foie dans la terrine, vous pouvez l'entourer d'une gaze avant de le plonger dans l'eau froide.

Assaisonner le foie gras frais

POUR 1 FOIE GRAS
PRÉPARATION : 5 MINUTES
REPOS : 5 À 9 HEURES

1 FOIE GRAS DE **500** À **600** G ENVIRON
2 CUILLÈRES À SOUPE DE PORTO
(OU AUTRE VIN DOUX DE VOTRE CHOIX : BANYULS, PINEAU, BAUMES DE VENISE...)
12 G DE SEL FIN
½ CUILLÈRE À CAFÉ DE POIVRE FRAÎCHEMENT ET FINEMENT MOULU
1 CUILLÈRE À CAFÉ DE SUCRE (FACULTATIF)

1 Découpez le foie gras en morceaux que vous déposez dans une assiette creuse ou un saladier avant de les recouvrir d'eau très froide. Ajoutez 1 cuillère à café de sel et laissez reposer 3 à 4 heures ainsi, au frais. Cette étape permet de faire dégorger le foie, c'est-à-dire de faire sortir le sang, ce qui va le rendre immaculé après cuisson.

2 Égouttez les morceaux et déposez-les sur une planche.

3 Dans un petit bol, mélangez 1 cuillère à café de sel, le poivre et le sucre.

4 Répartissez ce mélange sur toutes les faces des morceaux de foie.

5 Arrosez de porto et laissez mariner 2 à 5 heures au frais, couvert de papier film.

L'astuce : 12 g de sel = 1 cuillère à café rase.

CUIRE LE FOIE GRAS : MA RECETTE DE TERRINE AU MICRO-ONDES

POUR 1 TERRINE
PRÉPARATION : 10 MINUTES
CUISSON : 2 MINUTES

1 FOIE GRAS DE **500** OU **600** G ENVIRON
1 DIZAINE D'ABRICOTS SECS MAIS MOELLEUX (SANS CONSERVATEUR)

1 Couvrez les abricots d'eau chaude et laissez-les gonfler. (Inutile, s'ils sont bien moelleux.)

2 Dans une terrine en porcelaine ou en verre (mais pas en alu ni en fonte), posez un gros morceau de foie, face lisse et bombée vers le bas. Tassez un peu et déposez dessus, bien répartis, quelques abricots. Remettez une couche de foie puis encore des abricots et terminez par un beau morceau de foie, côté lisse et bombé vers le haut cette fois. Tassez bien.

3 Filmez la terrine et mettez-la à cuire 2 minutes au micro-ondes à 750 watts.

4 Sortez du micro-ondes. laissez reposer jusqu'à ce que le foie soit tiède.

5 Posez un petit poids (150 g maximum) et mettez au frais. Gardez la terrine pendant 3 à 4 jours au froid (et jusqu'à une semaine), bien emballée et complètement recouverte de graisse (au besoin, ajoutez-en un peu). Le foie gras va s'affiner et n'en sera que meilleur !

L'astuce : utilisez un poids de 150 g maximum pour tasser la terrine, sinon le foie risque d'être écrasé et de perdre trop de graisse.

Foie gras et tartelettes aux pommes, pourquoi pas ?

POUR 4 PERSONNES
PRÉPARATION : 20 MINUTES
CUISSON : 15 À 20 MINUTES

- **1** ROULEAU DE PÂTE FEUILLETÉE PRÊTE À DÉROULER
- **1** RESTE DE FOIE GRAS MI-CUIT (70 G ENVIRON)
- **2** POMMES GOLDEN
- **½** CITRON
- **½** CUILLÈRE À CAFÉ DE CANNELLE
- **1** PINCÉE DE SUCRE
- **1** PINCÉE DE NOIX DE MUSCADE
- SEL ET POIVRE

1 Entreposez le foie gras au congélateur. Préchauffez le four à 210 °C (thermostat 7).

2 Étalez la pâte et découpez 4 disques égaux en suivant les contours de petites assiettes ou de grands bols. Posez-les sur une plaque à pâtisserie, remontez légèrement les bords du bout des doigts et entreposez au frais.

3 Pelez les pommes, coupez-les en deux, retirez le cœur, la tige, les pépins et coupez-les en tranches fines en partant du haut vers le bas de la pomme.

4 Déposez les tranches de pomme sur la pâte en corolle. Saupoudrez d'un peu de cannelle, d'une pincée de muscade, salez, poivrez puis saupoudrez d'un voile de sucre. Si possible, badigeonnez délicatement les pommes d'un peu de graisse de canard fondue.

5 Posez les tartelettes sur la plaque du four et laissez cuire 15 à 20 minutes. La pâte doit être dorée et croustillante. Retirez-les du four.

6 Sortez le foie gras du congélateur et coupez-le en tranches très fines, façon copeaux. Déposez les tranches sur les tartelettes juste avant de servir. Accompagnez d'une petite salade de mesclun.

L'astuce : après avoir travaillé la pâte, que ce soit dans un moule ou sur du papier sulfurisé, mettez-la au frais. Elle sera alors plus croustillante et se rétractera moins à la cuisson.

Mon petit mémo foie gras

FOIE DE CANARD

Il doit avoir un poids de 400 à 600 grammes ; en dessous, il risque d'être un peu sec ; plus gros, il perd beaucoup de graisse. Il est moins onéreux que le foie d'oie et d'une saveur plus soutenue.

FOIE D'OIE

Considéré comme le plus fin.
D'une saveur délicate avec une pointe d'amertume. Il est plus lourd que le foie de canard (800 g). Un seul foie suffit pour une terrine de 6 à 8 personnes, ce qui donne des tranches peu morcelées, d'un bel aspect.
On le trouve également sous vide.

SERVIR LE FOIE GRAS : N'OUBLIEZ PAS L'ÉTIQUETTE !

Pour servir, plongez un couteau à lame fine et coupante (et sans dents !) dans de l'eau chaude puis coupez des tranches de 1 cm environ. Déposez-les dans des assiettes refroidies. Servez de préférence avec du pain de campagne toasté (le pain de mie ou brioché alourdit le foie gras selon moi).
Pour respecter les règles de bienséance, coupez le foie gras avec votre couteau mais prélevez un morceau avec la fourchette et déposez-le sur un morceau de pain avant de le porter à votre bouche.
Ne le tartinez jamais !

Astuce :
Conservez les assiettes au frais avant de servir, ainsi le foie gras ne fondra pas dans l'assiette.

Le tournage de la crème brûlée

Mixer le pain d'épice au robot.

On filtre la préparation pour enlever les grumeaux...

Pour bien filtrer la crème !

Ensuite mettre au four.

17 minutes plus tard...

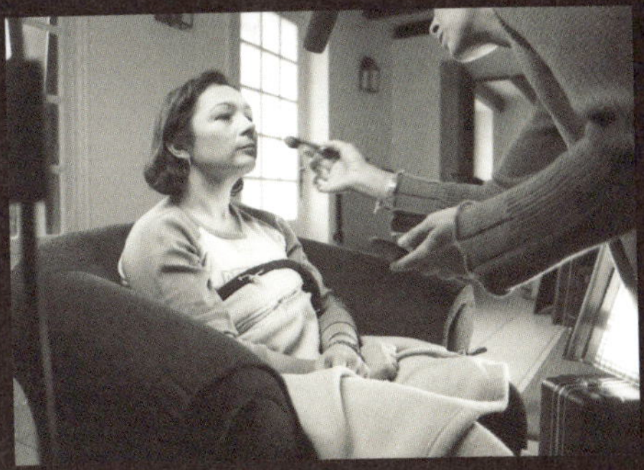

L'interview de Christine

C'est devenu sa spécialité !

Crème brûlée
de foie gras au pain d'épices

POUR 6 PERSONNES
PRÉPARATION : 15 MINUTES
CUISSON : 18 MINUTES

100 G DE FOIE GRAS MI-CUIT
25 CL DE CRÈME LIQUIDE
3 JAUNES D'ŒUFS
3 TRANCHES DE PAIN D'ÉPICES
1 CUILLÈRE À SOUPE DE SUCRE ROUX
20 G DE NOIX
1 BONNE PINCÉE DE QUATRE-ÉPICES
SEL ET POIVRE BLANC

1 Préchauffez le four à 120 °C (thermostat 4).

2 Coupez le foie gras en petits dés. Mettez-le dans un saladier, ajoutez les jaunes d'œufs, la crème, les épices, le sel et le poivre. Mixez le tout à l'aide d'un mixeur plongeant.

3 Au-dessus des ramequins, passez la préparation dans une passoire très fine (pour éviter la mousse provoquée par le « mixage » et éliminer le sang ainsi que les petits nerfs).

4 Faites cuire 17 minutes au four. Retirez du four et laissez refroidir.

5 Couvrez de film alimentaire et mettez au frais 3 heures au moins.

6 Préchauffez le gril du four et mettez la grille au plus près de la chaleur.

7 Mixez le pain d'épice avec le sucre et les noix pour obtenir une chapelure grossière.

8 Saupoudrez les crèmes de ce mélange (attention à ne pas mettre une couche trop épaisse, on doit voir la crème au travers).

9 Mettez à dorer 1 à 2 minutes sous le gril. Servez sans attendre.

L'ASTUCE : FILTREZ LA CRÈME DANS UNE PETITE PASSOIRE POUR ÉVITER LES BULLES D'AIR ET LES GRUMEAUX.

Aujourd'hui est un grand jour.

De nouvelles rencontres...

...et toujours beaucoup de plaisir !

Maintenant, on s'y met.

L'équipe technique en pleine action

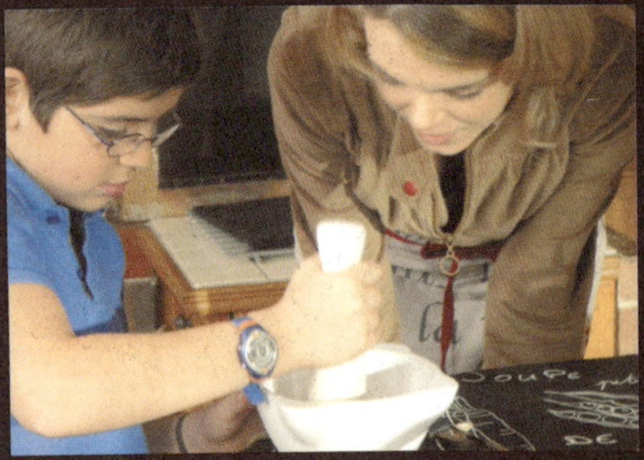

Concentration !

C'est le moment de tester, et de voir si c'est bon...

Petit cours de mortier pour Alexandre...

Beaucoup d'amusement, de bonne humeur...

LES BONS PETITS PLATS

Pas de pizza sans une bonne pâte

POUR 1 BOULE DE PÂTE
PRÉPARATION : 15 MINUTES
REPOS : 2 HEURES

300 G DE FARINE TYPE 45
15 CL D'EAU TIÈDE
3 CUILLÈRES À SOUPE D'HUILE D'OLIVE
1 SACHET (5 À 6 G) DE LEVURE DE BOULANGER
1 PINCÉE DE SEL

1 Dans un bol, diluez la levure avec de l'eau tiède. Laissez reposer 5 minutes au moins.

2 Ajoutez l'huile d'olive.

3 Dans un saladier, versez la farine et faites un puits. Ajoutez le liquide. Mélangez en ramenant les extérieurs sur les bords pour amalgamer toute la farine. Ajoutez le sel, puis malaxez sur une surface plane en enfonçant la partie basse de votre paume dans la pâte pour la détendre. Vous devez obtenir une pâte souple et élastique (comptez 5 minutes minimum de pétrissage, ça se mérite !).

4 Déposez la pâte dans le saladier bien huilé (cela va faciliter sa pousse car elle n'attachera pas aux parois), couvrez d'un linge propre et laissez gonfler 2 heures dans un endroit chaud (25 °C).

5 Utilisez la pâte tout de suite ou filmez-la et mettez-la au frais. Elle se garde 24 heures au frais ou plusieurs mois au congélateur, bien emballée.

L'astuce : n'ajoutez jamais le sel en même temps que le levain, sinon cela risque de freiner le pouvoir levant de la pâte.

La pizza « tradizionale »

POUR 1 PIZZA
PRÉPARATION : 15 MINUTES
CUISSON : 40 MINUTES

1 BOULE DE PÂTE À PIZZA

POUR LA SAUCE :
1 ÉCHALOTE
1 PETITE GOUSSE D'AIL
1 ½ BOÎTE DE TOMATES PELÉES AU NATUREL
1 BRIN DE THYM
1 FEUILLE DE LAURIER
1 PINCÉE DE SUCRE
1 PINCÉE DE PIMENT D'ESPELETTE
1 TRAIT DE VINAIGRE DE VIN ROUGE
1 CUILLÈRE À SOUPE D'HUILE D'OLIVE

POUR LE RESTE DE LA GARNITURE :
1 BOULE DE MOZZARELLA
6 OLIVES NOIRES
6 TOMATES CERISES
ORIGAN
HUILE D'OLIVE
SEL ET POIVRE

1 Préchauffez le four à 220 °C (thermostat 7-8).

2 Pelez et émincez l'échalote et l'ail. Faites-les fondre avec l'huile d'olive dans une casserole. Ajoutez le contenu de la boîte de tomates pelées, le sucre, le sel, le poivre, le piment, le thym et le laurier. Laissez mijoter à feu moyen jusqu'à ce que la sauce soit desséchée et confite (20 minutes au moins). Retirez du feu, ajoutez un trait de vinaigre.

3 Sur une feuille de papier sulfurisé farinée, étalez la pâte en l'étirant à la main jusqu'à ce qu'elle fasse un disque de 30 à 35 cm de diamètre environ (évitez surtout de l'étaler au rouleau car cela lui ferait perdre son air et la rendrait sèche et cartonneuse).

4 Étalez la sauce sur la pâte en laissant 1 cm de bord vierge (ne cherchez pas à tout mettre). Découpez la mozzarella en 5 tranches et disposez-les en étoile sur la pizza.

5 Lavez et séchez les tomates cerises, enrobez-les d'huile d'olive et disposez-les sur la pâte avec les olives. Saupoudrez d'origan. Faites cuire la pizza dans le milieu du four pendant 20 minutes environ.

6 Coupez les parts aux ciseaux et servez bien chaud.

Variante

Pour faire une vraie margarita, ajoutez du basilic frais avant cuisson. Vous pouvez aussi saupoudrer la pizza de parmesan râpé avant de l'enfourner ou ajouter une poignée de roquette légèrement assaisonnée sur la pizza à la sortie du four, mais dans tous les cas ne surchargez pas en garniture. Une bonne pizza doit avant tout mettre la pâte en valeur.

L'astuce : pour des bords bien dorés et très croustillants, badigeonnez-les d'huile d'olive. Ils seront parfumés et ne risqueront pas de brûler.

TORTILLA nordique

POUR 4 OU 5 PERSONNES
PRÉPARATION : 10 MINUTES
CUISSON : ENVIRON 5 MINUTES

10 ŒUFS
200 G DE TRUITE FUMÉE
60 G DE FROMAGE FRAIS (KIRI, SAINT-MÔRET, SAINT-FLORENTIN)
15 CL DE LAIT ENTIER (OU DEMI-ÉCRÉMÉ SELON LES PRIORITÉS)
2 CUILLÈRES À SOUPE DE CIBOULETTE OU D'ANETH CISELÉE
2 CUILLÈRES À SOUPE D'HUILE
SEL ET POIVRE

1 Dans un saladier, cassez les œufs, ajoutez la moitié des herbes, le lait, poivrez et salez peu. Fouettez sans excès.

2 Faites chauffer une grande poêle (si possible antiadhésive) à feu moyen et huilez-la généreusement en étalant avec un essuie-tout.

3 Versez les œufs battus, remuez pendant 45 secondes à l'aide d'un fouet ou d'une fourchette puis, quand les bords commencent à se solidifier, soulevez-les à la spatule pour faire glisser les œufs liquides du dessus en dessous.

4 Au bout de 3 minutes, l'omelette doit commencer à prendre mais peut être encore très baveuse sur le dessus.

5 Répartissez alors le fromage frais à la petite cuillère, puis émiettez grossièrement la truite. Terminez avec le reste des herbes.

6 Laissez cuire jusqu'à ce que le dessus soit presque cuit. Terminez à couvert.

7 Cessez la cuisson quand l'omelette a atteint la consistance que vous aimez. Servez avec des lamelles de pomme.

L'astuce : cassez les œufs sur une surface plane. Cela évite à la coquille de rentrer à l'intérieur de l'œuf et limite donc le risque de percer le jaune.

FLIP FLAP
le poisson magique

POUR 1 PERSONNE
PRÉPARATION : 10 MINUTES
REPOS : 20 MINUTES
CUISSON : 8 À 10 MINUTES

1 FILET DE CABILLAUD DU PACIFIQUE DE **150** G ENVIRON (MOINS CHER CAR PRIS DANS LA QUEUE, CONTRAIREMENT AUX PAVÉS) OU **1** FILET DE COLIN D'ALASKA.
1 POIGNÉE DE GROS SEL GRIS DE MER
½ AVOCAT
½ CITRON VERT
UN PEU DE THYM
1 CUILLÈRE À CAFÉ DE MOUTARDE EN GRAINS
3 CUILLÈRES À SOUPE D'HUILE D'OLIVE
1 POINTE DE COUTEAU DE CURRY
SEL ET POIVRE

1 Salez le filet de poisson sur ses deux faces, avec le gros sel. Ensuite, laissez-le reposer 20 minutes.

2 Portez une grande casserole d'eau à ébullition. Mettez des petites pommes de terre à cuire.

3 Rincez rapidement le poisson. Dans un bol, mélangez l'huile et 1 cuillère à soupe de jus de citron vert, salez peu, poivrez puis ajoutez un peu de thym. Enduisez le poisson d'une cuillère à soupe de « citronnette » et posez-le dans une assiette adaptée à la taille de la casserole, côté peau vers le haut.

4 Coupez l'avocat en deux en suivant le noyau, détachez ce dernier et pelez une moitié d'avocat que vous coupez en tranches dans la largeur.

5 Déposez les tranches d'avocat dans le fond d'une assiette plate en les superposant légèrement. Arrosez avec 1 cuillère de « citronnette », ajoutez un filet de citron vert, saupoudrez de curry et d'un voile de sel. Déposez le filet de poisson sur l'avocat, arrosez-le de « citronnette » et recouvrez le tout d'une autre assiette de même diamètre. Laissez cuire 8 à 10 minutes (selon le degré de cuisson désiré), en retournant l'assiette à mi-cuisson.

6 Ajoutez la moutarde au reste de « citronnette ». Décorez le poisson d'un trait de ce mélange et ajoutez éventuellement un peu de zeste de citron vert râpé et de thym frais.

L'astuce : salez le poisson avant la cuisson.
Comme le cabillaud a une chair très fine et friable, le pré-saler lui donne plus de goût et de fermeté.

ESCABÈCHE
DE SARDINES À L'ORANGE

POUR 4 PERSONNES
PRÉPARATION : 15 MINUTES
CUISSON : 13 MINUTES ENVIRON
REPOS : 1 À 2 JOURS

350 G DE SARDINES EN FILETS
(**1** DOUZAINE DE FILETS)
1 CUILLÈRE À SOUPE DE FARINE
1 OIGNON DOUX
1 GOUSSE D'AIL
LE JUS ET LE ZESTE DE ½ ORANGE
8 CL DE VIN BLANC SEC
4 CUILLÈRES À SOUPE D'HUILE D'OLIVE
1 CUILLÈRE À CAFÉ DE FLEUR DE SEL
1 CUILLÈRE À CAFÉ DE GRAINS DE CORIANDRE
10 FEUILLES DE CÉLERI
POIVRE DU MOULIN

1 Pelez et émincez l'ail et l'oignon. Prélevez le zeste de l'orange et pressez son jus. Farinez les filets de sardine et secouez-les pour retirer l'excédent.

2 Versez 2 cuillères à soupe d'huile d'olive dans une grande poêle et faites cuire les filets de sardine sur la peau 1 à 2 minutes à feu vif. Posez-les dans un plat creux, côté peau vers le haut et bien serrés, mais sans qu'ils se superposent.

3 Dans la même poêle, sans la laver, ajoutez le reste d'huile, l'oignon, l'ail, le zeste et les grains de coriandre. Laissez fondre à feu moyen pendant 7 à 8 minutes.

4 Ajoutez le jus d'orange et le vin blanc puis laissez évaporer 3 à 4 minutes. Ajoutez les feuilles de céleri, remuez et coupez le feu.

5 Versez ce mélange bien chaud sur les filets de sardine et laissez refroidir. Couvrez et entreposez 24 à 48 heures au frigo.

6 Servez à température ambiante avec du pain grillé, en entrée ou pour picorer à l'apéritif.

CONSEIL

Vous pouvez remplacer les feuilles de céleri par des brins de persil plat ou de coriandre, des feuilles de menthe ou de sauge émincées.

L'astuce : pour les sardines, pas de têtes, moins d'odeurs...

PRÉPARER LES CHIPIRONS :
NE PAS PERDRE LES TÊTES !

POUR 4 PERSONNES
PRÉPARATION : 15 MINUTES

500 G DE PETITS CALAMARS OU CHIPIRONS

1 Pour nettoyer les chipirons, détachez la tête (avec les tentacules) du corps. Videz le corps, y compris l'arête (ou plume) qui se situe à l'intérieur.

2 Détachez les petites nageoires situées à la pointe : cela entraînera la peau.

3 Coupez les yeux pour ne garder que les tentacules.

4 Rincez le nez, la trompe et les tentacules. Déposez-les au fur et à mesure sur un papier absorbant.

5 Une fois la préparation terminée pour tous les chipirons, séchez-les à fond (sinon, ils vont rendre de l'eau et bouillir dans la poêle).

L'astuce : plus les calamars sont petits, plus ils sont tendres !

Un canard dans un calamar

POUR 4 PERSONNES
PRÉPARATION : 20 MINUTES
CUISSON : 5 MINUTES

500 G DE PETITS CALAMARS OU CHIPIRONS NETTOYÉS ET SÉCHÉS
70 G DE MAGRET SÉCHÉ OU FUMÉ (SELON VOTRE GOÛT)
2 CUILLÈRES À SOUPE D'HUILE D'OLIVE
2 GOUSSES D'AIL
1 CUILLÈRE À SOUPE DE VINAIGRE DE XÉRÈS
PIMENT D'ESPELETTE
4 BEAUX BRINS DE PERSIL PLAT

1 Retirez le gras du magret de canard. Hachez la chair au couteau.

2 Hachez de la même façon les tentacules des calamars et mélangez-les au magret dans un saladier.

3 Lavez et séchez le persil, hachez-le et incorporez-en la moitié au mélange. Ajoutez 1 pincée de piment d'Espelette. Ne salez pas.

4 Farcissez les calamars sans tasser et en laissant la moitié du corps vide (ils vont se rétracter à la cuisson). Piquez-les avec un cure-dent pour les fermer. Pelez et taillez l'ail en lamelles fines.

5 Faites chauffer une poêle à feu très vif. Versez l'huile dedans, puis déposez les calamars.

6 Laissez-les dorer 1 minute sans remuer. Retournez-les, puis faites-les sauter. La cuisson prend 3 à 4 minutes.

7 Une minute avant la fin, ajoutez l'ail, remuez, puis versez le vinaigre. Ajoutez le reste de persil et encore un peu de piment, remuez de nouveau et retirez du feu.

8 Servez avec une salade verte bien relevée au vinaigre et éventuellement quelques poivrons à l'huile.

L'astuce : séchez toujours à fond les chipirons sur du papier absorbant, sinon ils vont lâcher de l'eau à la cuisson, bouillir et devenir caoutchouteux.

CROUSTILLANTS DE LANGOUSTINES POIVRE ET CITRON VERT ...SANS SEL !

POUR 4 PERSONNES
PRÉPARATION : 20 MINUTES
CUISSON : 1 À 2 MINUTES

20 LANGOUSTINES CRUES TRÈS FRAÎCHES (ENVIRON 500 G)
5 FEUILLES DE BRICK
1 CUILLÈRE À SOUPE DE POIVRE VERT SÉCHÉ ET CONCASSÉ
1 CUILLÈRE À SOUPE DE CURRY EN POUDRE
1 CITRON VERT
20 CL D'HUILE DE TOURNESOL POUR LA FRITURE
4 CUILLÈRES À SOUPE D'HUILE DE PÉPINS DE RAISIN

1 Lavez et séchez le citron, râpez finement le zeste. Prélevez le jus d'une moitié de citron et gardez l'autre moitié pour la fin.

2 Dans un petit saladier, mélangez le curry, le poivre concassé, le zeste du citron et le jus, ainsi que l'huile de pépins de raisin.

3 Décortiquez les langoustines. Voilà ma technique : détachez les têtes (ne les jetez pas, elles serviront pour une soupe ou un bouillon) puis coupez la membrane située sous le ventre, en suivant les deux côtés de la carapace avec des ciseaux. Écartez la carapace et retirez délicatement la chair. Coupez la carapace en gardant une section au-delà de la queue.

4 Quand toutes les langoustines sont décortiquées, déposez les queues dans l'assaisonnement et remuez délicatement.

5 Détachez une feuille de brick et coupez-la en quatre, comme une tarte.

6 Déposez une langoustine sur chaque triangle de pâte, la queue dépassant un peu du côté arrondi. Roulez ensuite la pâte comme un cigare et repliez l'excédent sous le ventre de la langoustine. Préparez de la même manière toutes les langoustines.

7 Versez l'huile de tournesol dans une sauteuse ou un wok et laissez-la chauffer à feu moyen. Quand elle est bien chaude, mettez les langoustines dedans en les posant sur le ventre (donc face bombée en haut).

8 Faites cuire 1 à 2 minutes puis égouttez sur du papier absorbant. Arrosez éventuellement de jus citron vert avant de déguster bien chaud !

CONSEIL

Très relevée, cette recette ne nécessite pas forcément d'ajout de sel. Utile pour ceux qui surveillent leur consommation !

L'astuce : dégagez la langoustine en découpant la carapace côté ventre de chaque côté.

BAR AU SEL :
CROÛTE MAIS PAS COQUE

POUR 4 À 6 PERSONNES
PRÉPARATION : 20 MINUTES
CUISSON : 1 H 30

- 1 BAR DE 1,5 KG VIDÉ MAIS PAS ÉCAILLÉ
- ½ BOUQUET DE THYM
- 5 OU 6 FEUILLES DE LAURIER
- 1 CITRON
- 800 G DE GROS SEL
- 800 G DE FARINE
- 16 À 20 CL D'EAU
- 5 ŒUFS
- POIVRE
- HUILE D'OLIVE

1 Préchauffez le four à 130 °C (thermostat 4-5). Sortez la plaque du four.

2 Coupez la queue du poisson. Poivrez l'intérieur et farcissez-le de petites branches de thym et de 3 feuilles de laurier. Coupez le citron en deux et recoupez une moitié en tranches fines que vous mettez à l'intérieur du poisson (gardez l'autre moitié pour servir).

3 Dans un grand saladier, mélangez le gros sel, la farine, 1 cuillère à soupe de fleurs de thym et 2 feuilles de laurier ciselées.

4 Ajouter 16 cl d'eau, 3 œufs entiers et 2 blancs. Malaxez jusqu'à l'obtention d'une pâte homogène. Ajoutez un peu d'eau si nécessaire.

5 Façonnez une boule et étalez-la au rouleau pour former un grand ovale dans lequel vous pouvez enfermer le poisson en entier.

6 Déposez le poisson sur une moitié de l'ovale, repliez l'autre côté de la pâte dessus et soudez les bords. Déposez le poisson sur la plaque recouverte de papier sulfurisé. Enfournez et laissez cuire 1 h 30 au four.

7 Sortez le poisson du four, découpez la croûte à mi-hauteur, dans l'épaisseur, avec un couteau pointu. Retirez la coque supérieure. La peau va être entraînée par la croûte.

8 Servez tel quel, accompagné d'une huile d'olive bien fruitée et de citron.

POUR INFO

La croûte de sel, contrairement à la coque, ne pénètre pas l'intérieur du poisson et elle est beaucoup plus facile à « casser ».

L'astuce : je préfère la croûte de sel (farine) à la coque (faite uniquement avec du gros sel de mer), car celle-ci dessèche le poisson en absorbant son humidité.

saumon à l'érable « farci » au citron

POUR 4 PERSONNES
PRÉPARATION : 15 MINUTES
CUISSON : 5 À 6 MINUTES

4 PAVÉS DE SAUMON DE 180 G ENVIRON BIEN ÉPAIS, AVEC LA PEAU
2 CITRONS NON TRAITÉS
+ 1 CUILLÈRE À SOUPE DE JUS
1 BOUQUET D'ANETH
100 G DE FROMAGE BLANC (20 % OU 40 %)
1 CUILLÈRE À SOUPE DE RAIFORT
2 BRINS DE MENTHE
4 CUILLÈRES À SOUPE DE SIROP D'ÉRABLE
3 CUILLÈRES À SOUPE D'HUILE DE PÉPINS DE RAISIN

1 Préchauffez le gril. Lavez et séchez les herbes, détachez les feuilles et les pluches.

2 Lavez et coupez les citrons en deux puis recoupez-les en tranches fines.

3 Faites 4 ou 5 entailles profondes dans les pavés de saumon sans toucher la base. Dans chaque entaille, placez 1 pincée d'aneth ciselée et 1 demi-rondelle de citron. Mettez les pavés dans un plat allant au four bien huilé.

4 Dans un bol, mélangez 2 cuillères à soupe d'huile et 2 de sirop d'érable. Salez et poivrez puis badigeonnez les pavés au pinceau. Mettez à cuire 5 à 6 minutes sous le gril.

5 Pendant ce temps, préparez la sauce en mélangeant le fromage blanc, le raifort, le reste du sirop d'érable, la menthe très finement hachée, 1 cuillère à soupe de jus de citron et 1 pincée de sel.

6 Servez les pavés très chauds, accompagnés de sauce bien froide et de légumes verts cuits à la vapeur.

variante

Vous pouvez remplacer le raifort par la même quantité de moutarde et la menthe fraîche par de l'aneth ou de la menthe séchée.

L'astuce : pour faire de jolies tranches, coupez d'abord le citron dans sa longueur.

Mon Risottonome

POUR 3 OU 4 PERSONNES (EN ENTRÉE)
PRÉPARATION : 15 MINUTES
CUISSON : 15 À 17 MINUTES

200 G DE RIZ À RISOTTO
(SI POSSIBLE VIALONE NANO)
2 PETITS OIGNONS OU 1 GROS
2 PINCÉES DE SAFRAN EN FILAMENTS OU
2 DOSES DE SAFRAN EN POUDRE
50 CL DE BOUILLON DE VOLAILLE
(MAISON OU AVEC 1 CUBE)
30 G DE PARMESAN RÂPÉ
30 G DE BEURRE EN MORCEAUX
1 GROSSE CUILLÈRE À SOUPE D'HUILE
DE TOURNESOL
15 CL DE VIN BLANC
POIVRE DU MOULIN

1 Si vous utilisez des filaments de safran, déposez-les dans un bol et arrosez-les de 3 cuillères à soupe d'eau bouillante. Hachez les oignons. Pesez le riz et mesurez le vin. Faites chauffer le bouillon et réservez-le à couvert pour éviter l'évaporation.

2 Faites fondre les oignons avec l'huile dans une casserole ou une sauteuse. Ajoutez le riz avant qu'ils ne dorent. Remuez vivement pendant 2 minutes. Arrosez de vin et laissez cuire en remuant jusqu'à ce que le vin soit complètement absorbé.

3 Ajoutez alors le bouillon brûlant, le safran en poudre ou en filaments avec son eau de trempage, remuez et couvrez. Laissez cuire 13 à 15 minutes à petit feu (vérifiez que le liquide a été presque complètement absorbé).

4 Retirez du feu puis ajoutez le beurre bien froid en morceaux et le parmesan fraîchement râpé. Remuez encore une fois vigoureusement, couvrez et laissez reposer 5 minutes avant de servir.

5 Si le risotto vous paraît un peu sec (il faut qu'il soit coulant), ajoutez quelques cuillères de bouillon brûlant ou d'eau bouillante avant de servir.

conseil

Pour apporter une touche d'acidité supplémentaire, j'ajoute souvent un trait de vin blanc en fin de cuisson.

Éplucher l'oignon...

...puis le hacher très fin.

On commence la cuisson...

Avec Jildas, c'est toujours le fou rire.

Pas mal ce risotto...

Ça tourne encore ? mais y'en a plus!

L'ASTUCE

Incorporez toujours le beurre bien froid au risotto chaud : c'est ce qui va donner le côté crémeux. Le principe de choc thermique est le même que celui utilisé pour monter une sauce au beurre.

LES BOULETTES DE RIZ TÊTE DE LION...

Couper les oignons.

Léa, t'es drôlement douée !

Hacher les crevettes crues...

Pendant ce temps, mélanger le veau, les sauces, etc.

Rincer le riz puis l'étaler sur un plateau.

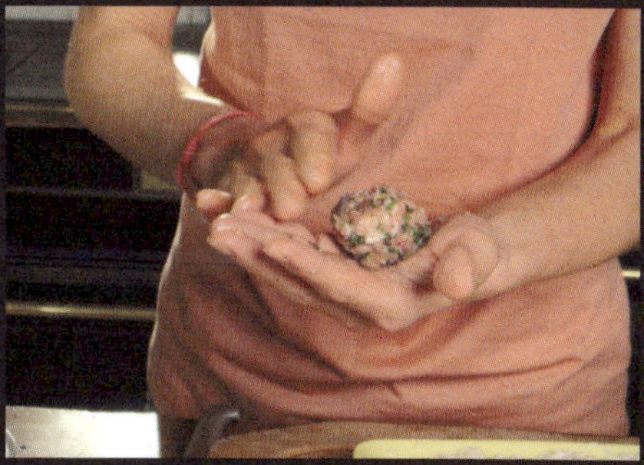

À la main, svp !

On roule dans le riz.

Avant de cuire les boulettes, vous pouvez très bien les réfrigérer ou les congeler.

Le tournage,
(voir recette en page suivante)

BOULETTES DE RIZ TÊTE DE LION

POUR 4 PERSONNES,
SOIT 12 BOULETTES ENVIRON
PRÉPARATION : 15 MINUTES
CUISSON : 15 MINUTES

400 G DE VEAU HACHÉ
(UNE PARTIE UN PEU GRASSE)
200 G DE CREVETTES CRUES DÉCORTIQUÉES
(FRAÎCHES OU SURGELÉES)
LES TIGES DE **3** OIGNONS FRAIS
½ BOUQUET DE PERSIL PLAT
½ CUILLÈRE À SOUPE DE SAUCE DE SOJA
½ ŒUF BATTU
150 G DE RIZ GLUANT
1 TRAIT DE SAUCE CHILI
(OU AUTRE SAUCE PIMENTÉE)
QUELQUES FEUILLES DE SALADE VERTE
SEL ET POIVRE
ÉVENTUELLEMENT :
1 CM DE GINGEMBRE HACHÉ

1 Pelez les tiges d'oignon vert et hachez-les finement au couteau. Lavez, séchez et émincez le persil. Hachez les crevettes au couteau également.

2 Dans un bol, mélangez le veau, les crevettes, les oignons, le persil, la sauce de soja, la sauce chili et l'œuf. Salez et poivrez puis réservez au frais. Faites chauffer l'eau dans le cuit-vapeur.

3 Rincez le riz sous l'eau froide en le mettant dans une passoire. Égouttez-le et étalez-le sur une assiette plate.

4 Avec la préparation, façonnez des boulettes de la taille d'une coquille de noix en les roulant dans vos mains. Roulez ces boulettes dans le riz pour les enrober régulièrement.

5 Tapissez le fond du cuit vapeur de feuilles de salade et déposez les boulettes dessus (pour éviter qu'elles collent au fond). Couvrez et laissez cuire 15 minutes. Le temps de cuisson dépend de la taille des boulettes.

VARIANTES

Vous pouvez remplacer le veau par du porc ou du poulet. Vous pouvez préparer les boulettes à l'avance et les réfrigérer ou les congeler.
Si vous voulez un riz moins croquant, laissez-le tremper 2 heures avant de l'égoutter. Je n'en avais pas sous la main quand j'ai préparé la recette dans la famille Pomyers mais vous gagnerez en saveur et en authenticité si vous ajoutez du gingembre haché dans vos boulettes.

L'ASTUCE : AU MOMENT DE CUIRE LES BOULETTES, POSEZ-LES SUR UNE FEUILLE DE SALADE POUR ÉVITER QU'ELLES NE COLLENT.

SUMESHI, LE RIZ SUSHI

POUR UNE TRENTAINE DE SUSHIS
PRÉPARATION : 15 MINUTES
CUISSON : 25 MINUTES

500 G DE RIZ JAPONICA
60 CL D'EAU MINÉRALE OU FILTRÉE
10 CL DE VINAIGRE DE RIZ
2 CUILLÈRES À SOUPE DE SUCRE EN POUDRE
1 CUILLÈRE À SOUPE DE SEL

1 Versez le riz dans le récipient de cuisson et couvrez-le avec le double de son volume en eau du robinet. Remuez à la main puis videz l'eau. Recommencez jusqu'à ce que l'eau soit claire. Égouttez à fond.

2 Versez le riz égoutté dans la casserole. Ajoutez l'eau minérale : le niveau du liquide doit dépasser de 1 centimètre le niveau du riz. Couvrez et mettez à cuire à feu vif.

3 Dès que l'ébullition fait claquer le couvercle, baissez le feu. Laissez alors cuire 5 minutes à feu moyen, puis 15 minutes à feu très doux. Remettez à feu très vif encore 10 secondes pour avoir une bonne évaporation.

4 Retirez du feu et laissez reposer sans ouvrir pendant 10 minutes. Le riz va absorber la vapeur.

5 S'il reste un peu d'eau quand vous ouvrez la casserole, remettez vite le couvercle et laissez le riz continuer de gonfler.

6 Dans un bol, mélangez le vinaigre, le sel et le sucre. Mélangez jusqu'à dissolution.

7 Transférer rapidement le riz dans un saladier évasé. Incorporez ce mélange petit à petit, tout en « coupant » le riz, c'est-à-dire en creusant des sillons dans le riz avec la tranche d'une spatule fine en bois. Attention, le riz doit être encore chaud au moment où vous l'arrosez de vinaigre.

8 Réservez en couvrant d'un linge propre pendant que vous préparez le poisson.

L'astuce : Rincez plusieurs fois
le riz pour éviter qu'il soit trop gluant.

SUSHIS

POUR UNE TRENTAINE DE SUSHIS
PRÉPARATION : 25 MINUTES
PAS DE CUISSON

300 G DE PAVÉS DE POISSON SANS VAISSEAUX SANGUINS ET SANS PEAU, AU CHOIX SAUMON, BONITE, THON ROUGE (MAIS CELUI-CI EST EN VOIE DE DISPARITION, JE CONSEILLE PLUTÔT D'ÉVITER D'EN MANGER PENDANT QUELQUES ANNÉES), TURBOT, DAURADE ROSE, BAR, MAQUEREAU, CHINCHARD, ÉGLEFIN…
WASABI
1 CUILLÈRE À SOUPE DE VINAIGRE DE RIZ
GINGEMBRE MARINÉ AU VINAIGRE
SAUCE DE SOJA (JAPONAISE BIEN SÛR !)

1 Débitez les pavés en filets de 2 à 3 cm d'épaisseur et de 6 à 7 cm de largeur puis ôtez les arêtes.

2 Pour les poissons plats, coupez de très fines tranches en plaçant le couteau le plus en biais possible. Pour les autres (saumon, thon, maquereau, chinchard, bar…), tenez le couteau légèrement en biais et faites des tranches de 5 mm d'épaisseur (1 cm pour les sashimis).

3 Disposez tous les morceaux sur une assiette, filmez et mettez au réfrigérateur.

4 Versez dans un grand bol 15 cl d'eau et le vinaigre de riz. Placez le riz cuit et assaisonné à côté du plan de travail. Prenez-en une petite quantité dans vos mains humidifiées à l'eau vinaigrée et pressez doucement le riz dans le creux de votre paume pour former un rectangle.

5 Ce dernier doit être légèrement plus petit que les tranches de poisson. Tenez la boulette de riz dans le creux de la main, déposez une légère traînée de wasabi, couvrez-la d'une lamelle de poisson et pressez doucement.

6 Disposez les sushis au fur et à mesure sur une assiette plate. Évitez quand même de trop les manipuler car la chaleur de vos mains pourrait leur faire perdre leur fraîcheur.

7 Servez accompagné de sauce de soja versée dans des petits ramequins et de gingembre mariné.

L'astuce : inclinez le couteau en biais pour couper le poisson en tranches très fines.

RISOTTO DE COQUILLETTES
PETITS POIS-JAMBON-TROP BON

POUR 6 PERSONNES
PRÉPARATION : 15 MINUTES
CUISSON : 10 MINUTES

200 G DE COQUILLETTES
400 G DE PETITS POIS EN COSSES, SOIT ENVIRON 200 G DE PETITS POIS FRAIS (OU FÈVES OU FLEURETTES DE BROCOLI)
10 CL DE VIN BLANC SEC
2 BELLES ÉCHALOTES
1 TRANCHE ÉPAISSE DE JAMBON BLANC À L'OS (100 G)
ENVIRON 50 G DE PARMESAN
3 CUILLÈRES À SOUPE D'HUILE D'OLIVE
1 BOUILLON CUBE DE VOLAILLE
80 CL D'EAU
3 BRINS DE BASILIC
POIVRE

1 Écossez les petits pois. Éliminez le gras et la couenne du jambon puis coupez-le en petits dés.

2 Pelez les échalotes et hachez-les finement. Faites chauffer de l'eau dans la bouilloire et réservez. Râpez le parmesan.

3 Versez 2 cuillères à soupe d'huile d'olive dans la casserole, ajoutez les échalotes, remuez 1 minute puis ajoutez les coquillettes et faites-les revenir 1 à 2 minutes. Versez le vin blanc et remuez jusqu'à absorption.

4 Ajoutez les petits pois puis 80 cl d'eau chaude. Émiettez le bouillon cube au-dessus de la casserole. Remuez fréquemment.

5 Quand les pâtes sont cuites, coupez le feu, ajoutez le jambon, le reste d'huile, le parmesan râpé et le basilic ciselé. Poivrez, remuez et servez dans des assiettes creuses préchauffées.

VARIANTE
Ce plat est délicieux en version végétarienne, en remplaçant le jambon par 100 g de mozzarella de buffle coupée en dés.

L'astuce : 100 g de petits pois = 200 g avec les cosses

Ravioles ouvertes de haddock

POUR 4 PERSONNES
PRÉPARATION : 15 MINUTES
CUISSON : 8 MINUTES

300 G DE HADDOCK (PELÉ SI POSSIBLE)
50 CL DE LAIT
50 CL D'EAU
1 CAROTTE
1 PETIT BLANC DE POIREAU
1 PETITE COURGETTE BIEN FERME
4 CUILLÈRES À SOUPE D'HUILE D'OLIVE
4 BRINS DE PERSIL
2 CUILLÈRES À SOUPE DE PARMESAN
4 FEUILLES DE LASAGNE
1 CUILLÈRE À SOUPE D'HUILE D'OLIVE
SEL ET POIVRE

1 Lavez tous les légumes et pelez la carotte et le poireau. Découpez ces légumes en julienne (très fins bâtonnets). Pour cela, coupez la courgette en deux puis posez-la sur une face plane et découpez dans la longueur des tranches de 3 mm d'épaisseur. Empilez ces tranches et recoupez-les en bâtonnets. Faites de même avec la carotte et le poireau.

2 Mettez les feuilles de lasagne et le haddock dans une sauteuse puis versez le lait et l'eau. Portez doucement à ébullition et laissez cuire 3 minutes en remuant les pâtes pour éviter qu'elles ne collent. Égouttez le poisson et laissez les lasagnes encore 3 minutes.

3 Pendant ce temps, poêlez la julienne de légumes pendant 5 minutes dans 1 cuillère d'huile d'olive.

4 Dans chaque assiette, déposez une demi-feuille de lasagne, répartissez la julienne de légumes et effeuillez le poisson dessus, puis versez un trait d'huile d'olive. Recouvrez avec une autre moitié de feuille de lasagne, déposez encore un peu de légumes, saupoudrez de parmesan et terminez par un brin de persil et un dernier trait d'huile d'olive. Poivrez et servez sans attendre.

conseil

Pour découper plus facilement le poireau en julienne, coupez-le en deux, posez la face arrondie contre la planche et découpez des lanières en longueur, en partant du centre vers l'extérieur.

variante

Remplacez le persil par du basilic, de l'aneth ou du cerfeuil.

L'astuce : faites cuire le haddock dans du lait pour le dessaler et l'attendrir.

Lasagnes
à la ricotta

POUR 6 À 8 PERSONNES
PRÉPARATION : 20 MINUTES
CUISSON : 25 MINUTES

200 G DE FEUILLES DE LASAGNE PRÉ-CUITES
400 G DE BONNE SAUCE TOMATE (MAISON OU EN BOÎTE)
300 G DE VIANDE HACHÉE (BŒUF OU VEAU)
2 BOULES DE MOZZARELLA
20 CL DE LAIT
500 G DE RICOTTA
100 G DE PARMESAN RÂPÉ
4 CUILLÈRES À SOUPE D'HUILE D'OLIVE
THYM OU ORIGAN
SEL ET POIVRE

1 Préchauffez le four à 200 °C (thermostat 6-7). Coupez la mozzarella en tranches très fines.

2 Pendant ce temps, faites revenir la viande hachée dans un peu d'huile d'olive en la remuant régulièrement. Dès qu'elle change de couleur, ajoutez le thym ou l'origan puis la sauce tomate. Retirez du feu et réservez.

3 Dans un saladier, fouettez la ricotta avec le lait et 2 cuillères à soupe d'huile d'olive, puis ajoutez 60 g de parmesan, du sel et du poivre.

4 Étalez un tiers de sauce au fromage dans un grand plat à gratin bien huilé. Déposez un tiers de la mozzarella en tranches fines puis couvrez avec des feuilles de lasagne sans les superposer.

5 Ajoutez la moitié de la sauce à la viande et faites une autre couche de lasagne que vous recouvrez d'un autre tiers de sauce au fromage. Ajoutez la moitié de la mozzarella restante en tranches fines, couvrez avec les dernières feuilles de lasagne, versez le reste de sauce à la viande et terminez par une couche de sauce au fromage et de mozzarella.

6 Saupoudrez de parmesan et enfournez. Laissez cuire 20 minutes. Accompagnez d'un salade verte.

L'astuce : coupez la mozzarella en tranches très fines pour qu'elle ne devienne pas caoutchouteuse en cuisant.

TARTARE céleri-noix comme je l'aime

POUR 4 PERSONNES
PRÉPARATION : 15 MINUTES
PAS DE CUISSON

500 G DE BŒUF HACHÉ (IDÉALEMENT DU RUMSTECK)
2 BRANCHES DE CÉLERI
75 G DE NOIX
1 ½ CUILLÈRE À SOUPE DE SAUCE WORCESTERSHIRE
3 BRINS DE PERSIL HACHÉ
2 ÉCHALOTES HACHÉES
5 CUILLÈRES À SOUPE D'HUILE DE NOIX
3 CUILLÈRES À SOUPE DE VINAIGRE DE NOIX (OU DE CIDRE)
SEL ET POIVRE

1 Concassez finement les noix mais sans les réduire en poudre. Pelez et hachez finement les échalotes. Lavez, séchez et ciselez le persil avec les tiges.

2 Coupez la base et la partie la plus verte (avec les feuilles) des branches de céleri, pelez le côté bombé à l'économe pour retirer les fibres les plus dures puis coupez les branches en petits dés.

3 Placez la viande dans un saladier, creusez un puits au centre. Incorporez tous les ingrédients préparés.

4 Dans un bol, fouettez le vinaigre avec la sauce worcestershire, l'huile, le sel et le poivre puis versez sur la viande en l'aérant avec deux fourchettes. Rectifiez l'assaisonnement. Servez tout de suite ou conservez 30 minutes maximum au frais.

5 Décorez avec les petites pluches situées au cœur des branches de céleri. Accompagnez de pommes de terre sautées, de pain grillé et de salade.

Jean est un copain chef… j'en profite.

Après les noix, hacher finement… les échalotes

Ciseler le persil

L'assaisonnement, super important (huile, sauce worcestershire, vinaigre)

Quelques tours de moulin à poivre…

…tout y est !

On mélange !

Tu crois que ça plaira à Ingrid ?

ASTUCE
Faites tremper les noix toute une nuit dans un peu de lait pour qu'elles retrouvent leur fraîcheur et ajoutez éventuellement des feuilles de céleri et de la moutarde en grains dans le tartare.

SALTIMBOCCA
COCHON-COCHON

POUR 4 PERSONNES
PRÉPARATION : 10 MINUTES
CUISSON : 3 MINUTES

1 FILET MIGNON DE PORC DÉGRAISSÉ (600 G ENVIRON)
ENVIRON 180 G DE JAMBON CRU (BAYONNE OU PARME) COUPÉ TRÈS FIN
5 CL DE VIN BLANC FRUITÉ
1 BOUQUET DE SAUGE FRAÎCHE
2 CUILLÈRES À SOUPE D'HUILE D'OLIVE
POIVRE

1 Coupez le filet de porc en tranches fines. Pour que les tranches ne soient pas trop petites, coupez-les en tenant le couteau en biais.

2 Posez une demi-tranche de jambon sur les escalopes (en la pliant si nécessaire pour qu'elle ne dépasse pas), ajoutez une feuille de sauge et piquez le tout dessus et dessous avec un cure-dent.

3 Une fois que toutes les escalopes sont prêtes, faites chauffer l'huile dans une poêle (ou deux si elle est petite). Quand elle est bien chaude, déposez les escalopes, côté sauge vers le bas. Laissez cuire 2 minutes.

4 Retournez-les, poivrez et laissez cuire 1 à 2 minutes puis arrosez de vin. Amenez à ébullition et retirez les saltimbocca. Laissez réduire le jus de cuisson avant d'en arroser la viande.

5 Servez bien chaud, avec une poêlée de champignons ou des légumes verts sautés.

L'astuce : pour qu'elle se conserve plus longtemps, emprisonnez la sauge au réfrigérateur dans un sachet hermétique gonflé d'air.

POULET « FARCI » à la bière comme les trappeurs canadiens

POUR 4 PERSONNES
PRÉPARATION : 20 MINUTES
CUISSON : 1 H 15

1 POULET FERMIER DE 1,5 KG VIDÉ ET NON BRIDÉ
1 CANETTE DE BIÈRE (BLONDE, BLANCHE OU BRUNE SELON L'AMERTUME DÉSIRÉE)
½ CUILLÈRE À SOUPE DE SEL FIN
½ CUILLÈRE À SOUPE DE SUCRE ROUX
½ CUILLÈRE À CAFÉ DE QUATRE-ÉPICES (OU DE PAPRIKA)
½ CUILLÈRE À CAFÉ DE POIVRE FRAÎCHEMENT MOULU
½ CUILLÈRE À CAFÉ DE PAPRIKA
3 CUILLÈRES À SOUPE D'HUILE D'OLIVE
1 CUILLÈRE À SOUPE DE MOUTARDE EN GRAINS

1 Préchauffez le four à 200 °C (thermostat 6-7).

2 Dans un bol, mélangez le sel, le sucre, les épices et le poivre. Mettez la moitié du sel épicé à l'intérieur du poulet. Fouettez l'huile avec le reste de sel épicé et massez bien le poulet avec ce mélange.

3 Lavez la canette au liquide vaisselle, sans oublier le dessous. Ouvrez-la et versez dans un verre la moitié de la bière. Faites quelques trous à côté de l'ouverture (pour que les vapeurs se diffusent plus vite).

4 Posez la canette sur la lèchefrite (ou dans un plat si vous préférez), étirez les pâtes du poulet pour le faire tenir debout sur la canette qu'on enfonce au trois quarts dans la volaille. Le poulet repose sur ses pattes et sur la canette.

5 Enfournez et laissez cuire 1 h 15. Ajoutez un peu de la bière restante mêlée à de l'eau dans la lèchefrite pour éviter que les graisses ne brûlent.

6 Retirez le poulet du four, couvrez-le de papier d'aluminium et laissez-le reposer 10 minutes pour que les chairs se détendent et que la bière tiédisse.

7 Retirez délicatement la canette avec des gants en caoutchouc bien propres. (Attention, la bière est encore très chaude.) Versez le jus de cuisson dans une casserole et faites-le réduire sur feu vif.

8 Découpez le poulet. Ajoutez la moutarde au jus réduit et servez avec.

Premier ingrédient,
la canette, si, si !

On masse un peu le poulet pour le relaxer...

... et on le farcit au sel.

L'assaisonnement pour
parfumer et colorer.

Il est pas beau mon poulet ?

On retire la canette avec
des gants surtout !

On récupère le jus.

Alors : une expérience ?

L'ASTUCE : Faire cuire le poulet
à la verticale permet de ne pas
dessécher les blancs...

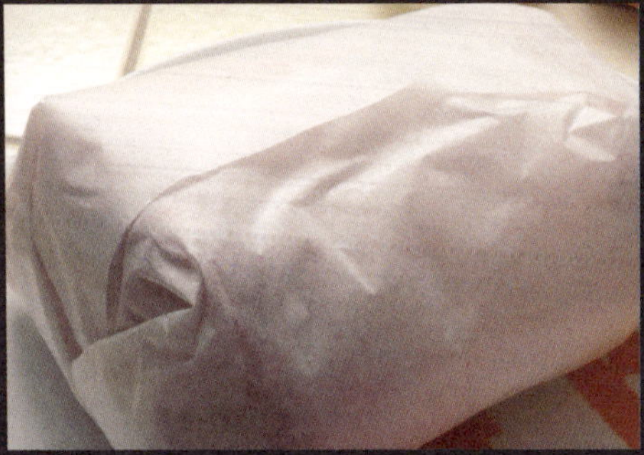

Les légumes que l'on a sous la main...

... et le rôti.

On épluche tout ça, Jérôme ?

On précuit les légumes.

On badigeonne le rôti d'un mélange de moutarde, huile, miel et herbes.

On couvre d'alu pour laisser reposer au chaud...

C'est bien cuit !

Découper le rôti juste avant de servir.

RÔTI DE PORC
MIEL-THYM-MOUTARDE

POUR 6 À 8 PERSONNES
PRÉPARATION : 25 MINUTES
CUISSON : 1 H 05

1 RÔTI DE PORC DE 1,5 KG PRIS DANS L'ÉCHINE
3 CUILLÈRES À SOUPE DE MOUTARDE EN GRAINS
2 CUILLÈRES À SOUPE DE MIEL
2 GOUSSES D'AIL
2 GROSSES CUILLÈRES À CAFÉ DE FLEUR DE THYM
6 CUILLÈRES À SOUPE D'HUILE D'OLIVE
2 KG DE LÉGUMES MÉLANGÉS, SELON LE MARCHÉ : CAROTTES, CHOU FLEUR, AUBERGINES, PANAIS ; FENOUIL, OIGNONS, POMMES DE TERRE À CHAIR FERME, CHAMPIGNONS DE PARIS, AIL...
1 CITRON
SEL ET POIVRE

1 Préchauffez le four à 220 °C (thermostat 7-8). Sortez la viande du réfrigérateur.

2 Commencez par préparer les légumes : lavez-les, pelez les carottes et les pommes de terre si vous en utilisez. Lavez et coupez le citron en quatre. Coupez tous les légumes en morceaux (environ 2 cm de côté) et mettez-les dans un grand plat à gratin. Laissez les gousses d'ail en chemises.

3 Assaisonnez les légumes avec 4 cuillères à soupe d'huile et la moitié du thym puis salez et poivrez généreusement. Remuez bien et faites cuire 20 minutes, couvert d'une feuille de papier sulfurisé.

4 Hachez l'ail finement, ajoutez le thym et le reste d'huile d'olive, mélangez puis ajoutez enfin la moutarde et le miel. Réservez.

5 Tapissez le dessus de la viande avec le mélange à la moutarde et au miel. Déposez le rôti sur les légumes après les avoir remués, baissez le four à 200 °C et laissez cuire encore 45 minutes.

6 Sortez la viande du four et laissez la reposer 20 minutes en la tenant au chaud. Pendant ce temps remettez les légumes à cuire.

7 Découpez la viande et servez-la avec les légumes.

L'ASTUCE : après cuisson, laissez reposer la viande à l'entrée du four pour qu'elle soit bien tendre.

Clafoutis de boudin
aux pommes

PRÉPARATION : 15 MINUTES
CUISSON : 20 À 25 MINUTES
POUR 4 PERSONNES

- 3 BOUDINS NOIRS (120 G CHACUN ENVIRON)
- 3 GROSSES POMMES GOLDEN
- 15 CL DE CRÈME LÉGÈRE
- 6 ŒUFS
- 5 CUILLÈRES À SOUPE D'HUILE D'OLIVE
- 40 G DE POLENTA FINE OU DE FARINE
- 1 POIGNÉE DE PERSIL PLAT
- 4 PINCÉES DE PIMENT D'ESPELETTE
- 50 G DE NOIX
- SEL ET POIVRE

1 Préchauffez le four à 180 °C (th. 6). Dans un saladier, fouettez les œufs avec la crème et la polenta, salez, poivrez généreusement et ajoutez le piment. Lavez, séchez et ciselez le persil puis ajoutez-le à la crème.

2 Retirez le film qui protège le boudin et coupez-le en biais en tranches de 1 cm d'épaisseur environ

3 Lavez et pelez les pommes. Coupez-les en deux, retirez le trognon et les pépins. Posez les moitiés de pommes à plat et coupez-les en biais en tranches de 1 cm d'épaisseur, comme le boudin.

4 Huilez des moules à crème brûlée en terre (de 13 cm de diamètre environ), disposez joliment les rondelles de boudin et de pommes en les intercalant, (le côté arrondi des tranches de pomme vers le haut).

5 Déposez quelques noix çà et là puis couvrez de crème aux œufs. Enfournez sur une grille et laissez cuire 20 à 25 minutes. Servez tiède avec une salade de cœurs de laitue.

conseil

N'hésitez pas à parfumer la pâte avec une larme de calva (ou de cidre).

Des œufs, forcément...

...mais aussi de la polenta !

On commence par peler les pommes et le boudin.

Moi, je beurre les moules, Christine s'y met aussi.

Verser la crème en dernier.

Au four !

L'ASTUCE

À défaut de crème légère, mélangez moitié crème entière et moitié eau ou remplacez-la par du lait entier.

Un moment de détente avant le tournage !

Quand le jean devient trop serré, on installe le micro à la cheville...

Pas de quoi perdre le sourire.

Chacun à son poste !

Aménagement du plateau.

Petite interview et premier contact avec la caméra...

Nous voilà lancées dans la préparation des flans d'asperges vertes

POUR accompagner...

Galettes de sarrasin, légumes croquants et œufs roulés

POUR 4 PERSONNES
PRÉPARATION : 5 MINUTES
CUISSON : 3 MINUTES PAR GALETTE

80 G DE FARINE DE SARRASIN
30 G DE MAÏZENA
25 CL D'EAU MINÉRALE
1 PINCÉE DE SEL
50 G DE LÉGUMES RÂPÉS DE VOTRE CHOIX (CAROTTES, CÉLERI, CHOU...)
4 ŒUFS
1 POINTE DE COUTEAU DE PIMENT D'ESPELETTE
1 CUILLÈRE À SOUPE D'HUILE DE PÉPINS DE RAISIN

1 Dans un saladier, mélangez la farine, la Maizena et le sel. Ajoutez l'eau et l'huile en fouettant. Ajoutez les légumes râpés et mélangez.

2 Chauffez une poêle huilée à feu moyen et versez une petite louche de pâte. Laissez cuire 2 minutes ou jusqu'à ce que des trous se forment à la surface.

3 Retournez la galette.

4 Cassez 1 œuf sur chaque petite galette, couvrez et laissez cuire 1 minute. Saupoudrez de piment, roulez les galettes et servez bien chaud.

L'astuce : la farine de sarrasin étant assez épaisse, j'aime bien alléger la pâte avec de la maïzena.

CRACKS DE POMMES DE TERRE D'ASTRID

POUR 3 OU 4 PERSONNES
PRÉPARATION : 10 MINUTES
CUISSON : 20 MINUTES

3 GROSSES POMMES DE TERRE BINTJE OU AGRIA
50 G DE COMTÉ
1 GOUSSE D'AIL
2 CUILLÈRES À SOUPE D'HUILE DE TOURNESOL OU DE FRITURE
20 G DE BEURRE
SEL ET POIVRE
NOIX DE MUSCADE (FACULTATIF)

1 Pelez les pommes de terre et râpez-les à la grosse grille. Râpez de la même façon le comté. Pelez et râpez l'ail à la grille plus fine. Mélangez le tout et pressez bien fort la pâte entre vos mains pour évacuer un maximum de jus. Salez et poivrez, ajoutez éventuellement la muscade râpée.

2 Faites chauffer l'huile et le beurre dans une grande poêle. Façonnez des galettes en pressant les pommes de terre entre vos deux paumes. Déposez-les dans la matière grasse bien chaude. Laissez cuire environ 10 minutes de chaque côté, à feu moyen.

3 Égouttez sur du papier absorbant. Servez en accompagnement d'une viande ou en remplacement des petits pains de hamburger.

4 Vous pouvez aussi préparer une grosse « crack » : étalez toute la préparation bien sèche dans la poêle et retournez-la sur une assiette à mi-cuisson.

CONSEIL
Pour les conserver au chaud (et les rendre plus croustillantes), entreposez les cracks 5 à 10 minutes au four avant de servir.

L'astuce : conservez les pommes de terre à l'abri de la lumière, dans un endroit frais, sinon elles risquent de flétrir et de germer. L'idéal reste la cave, si vous en avez une.

Des patates
sautées craquantes

POUR 4 PERSONNES
PRÉPARATION : 15 MINUTES
CUISSON : 20 MINUTES

1 KG DE POMMES DE TERRE TYPE BINTJE OU AGRIA
2 CUILLÈRES À SOUPE D'HUILE VÉGÉTALE
1 GOUSSE D'AIL
1 BRANCHE DE THYM
4 BRINS DE PERSIL PLAT
30 G DE BEURRE
SEL ET POIVRE

1 Pelez les pommes de terre en dés de 1 cm de côté. Lavez les pendant 5 minutes au moins sous l'eau chaude.

2 Versez l'huile dans une poêle. Quand elle est bien chaude, ajoutez les pommes de terre et laissez dorer 1 minute. Retournez-les et laissez-les cuire 20 minutes en baissant le feu après 5 minutes de cuisson.

3 En fin de cuisson, ajoutez le beurre puis le persil lavé et grossièrement ciselé. Salez et poivrez. Remuez jusqu'à ce que le beurre soit fondu et absorbé par les pommes de terre.

L'astuce : en les débarrassant plus vite de leur amidon, le rinçage à l'eau chaude donne plus de croustillant aux pommes de terre sautées.

B.A.-Ba de la pasta

LES BONNES PROPORTIONS :
10 G DE GROS SEL
100 G DE PÂTES
1 000 G D'EAU (SOIT 1 LITRE)

LE MATÉRIEL :
1 GRANDE CASSEROLE HAUTE EN INOX D'UNE BONNE CONTENANCE (8 LITRES)
1 GRANDE PASSOIRE À PIEDS

LA PROPORTION D'EAU EST TRÈS IMPORTANTE : LES PÂTES DOIVENT AVOIR LA PLACE DE CUIRE SANS COLLER ET L'ÉBULLITION DOIT POUVOIR REPRENDRE RAPIDEMENT.

LA QUANTITÉ PAR PERSONNE VARIE EN FONCTION DU TYPE DE PLAT
En entrée : 60 g
En garniture : 80 g
En plat principal : 100 g

Il existe des mesures très pratiques pour les différents types de pâtes, par exemple des cercles de différents diamètres qui déterminent la portion (pour les pâtes rubans), des cuillères de mesure…

LE TEMPS DE CUISSON
Il varie en fonction du type de pâte et de la marque ; les temps de cuisson donnés dans les recettes sont donc indicatifs.

Lorsque vous mettez les pâtes dans l'eau, remuez immédiatement pour éviter qu'elles ne collent.

Goûtez toujours les pâtes avant de les égoutter pour vérifier la cuisson !

Pour les pâtes en sauce, faites cuire les trois quarts du temps indiqué dans l'eau et terminez la cuisson dans la sauce.

Rajoutez sur les pâtes une louche d'eau de cuisson dans lesquelles elles ont lâché leur amidon. Quand vous les mélangez à la sauce, cela permet de lier la préparation. Mettez le mélange deux ou trois minutes sur le feu avant de servir.

LES CONSEILS DE BASE
Si les pâtes sont rafraîchies sous l'eau froide après cuisson (salades), salez davantage l'eau dans la casserole.

Ajoutez un peu d'huile dans l'eau : celle-ci enrobera les pâtes lorsque vous les égoutterez et les empêchera de coller.

L'astuce : pensez à saler l'eau des pâtes une fois que celle-ci a atteint l'ébullition, car le sel ralentit l'ébullition...

Gâteau de spaghettis croustillants

POUR 8 PERSONNES
PRÉPARATION : 10 MINUTES
CUISSON : 50 MINUTES

600 G DE SPAGHETTIS DÉJÀ CUITS
OU **300** G DE PÂTES CRUES
1 BOULE OU **150** G ENVIRON DE MOZZARELLA
100 G DE COMTÉ RÂPÉ
300 G DE RATATOUILLE
1 ŒUF
4 CUILLÈRES À SOUPE DE POLENTA
(OU DE SEMOULE FINE)
POIVRE
HUILE D'OLIVE
CÂPRES (FACULTATIF)
OLIVES DÉNOYAUTÉES (FACULTATIF)
CONCENTRÉ DE TOMATE (FACULTATIF)

1 Si les pâtes ne sont pas déjà cuites, cuisez-les al dente et égouttez-les à fond.

2 Préchauffez le four à 210 °C (thermostat 7). Dans un grand saladier, mélangez l'œuf et la ratatouille. Ajoutez 1 cuillère à soupe d'huile d'olive et du poivre. Ajoutez à votre goût des câpres, des olives, du concentré de tomates, puis les pâtes. Mélangez bien. Incorporez enfin le comté râpé.

3 Huilez un moule à manqué, saupoudrez-le de polenta crue et versez la moitié de la préparation (d'un coup pour ne pas « balayer » la polenta). Coupez très finement la mozzarella et déposez les lamelles sur toute la surface. Recouvrez du reste de pâtes.

4 Saupoudrez à nouveau de polenta. Pulvérisez encore un peu d'huile d'olive au vaporisateur pour bien la répartir.

5 Enfournez et laissez cuire 50 minutes. Retirez du four, démoulez à chaud et servez chaud ou tiède en parts, comme un gâteau.

6 Accompagnez d'une salade verte.

Un gâteau de spaghettis ?

On n'y avait pas pensé !

On mélange l'œuf
et la ratatouille.

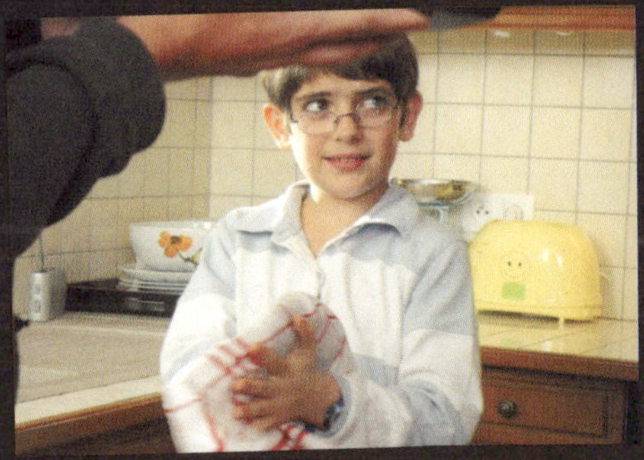

Ça commence plutôt bien...

Surtout qu'on peut y mettre les mains !

C'est génial,
un vaporisateur d'huile...

Miam-miam, ça ressemble
vraiment à un gâteau...

L'ASTUCE
Saupoudrez le gâteau de pâtes
de polenta qu'il «croustille»
de partout.

Souvenirs de tournage chez les de Pomyers

Que ceux qui n'aiment pas les fromages de chèvre passent leur chemin. La famille de Pomyers a fait de leur fabrication plus qu'un métier, une passion, un sacerdoce. À chaque mois de l'année son affinage : à l'aube du printemps, tandis que les réserves de crottins de la saison dernière s'épuisent, on se régale des petits nouveaux, frais comme la rosée. La palette d'arômes et de recettes au fromage de chèvre n'est pas près de lasser cette famille de gourmands.

Ingrid et Hervé de Pomyers sont des parisiens exilés, ravis de l'être. Ancien ingénieur, Hervé n'a pas hésité à se transformer en gentleman farmer, couvrant de soins ses vaches, poulets, porcs, oies (sans oublier les ânes, les hamsters et les chiens !), mais surtout sa cinquantaine de biquettes qu'il traie 2 fois par jour pour fabriquer un fromage qui attire tous les gourmets de la région. Les de Pomyers vivent presque en auto suffisance. Un mode de vie qui semble réjouir Tom, 15 ans, Léa, 12 ans et Téo, 8 ans, pas plus nostalgiques de la capitale que leurs parents. Pour ne pas se laisser prendre de court, il leur a fallu s'organiser : Hervé a la responsabilité des bêtes et du potager, Ingrid contrôle la fabrication du fromage et continue de pratiquer son métier de psychologue « en ville » 2 fois par semaine et les enfants participent à la vie de la ferme au retour de l'école. Résultat : énergie, curiosité et bonne humeur sont cultivées comme de beaux fruits.

Il faut reconnaître que l'ambiance à Sainte-Montaine n'a rien de morne. Grâce à Jean, lui aussi autrefois parisien, la ville a gagné un chef de renom et un restaurant terriblement joyeux où les copains musiciens débarquent régulièrement pour faire un « boeuf ».

Est-ce la convivialité, l'ouverture d'esprit ou la chaleur de cette famille qui ont rendu notre départ difficile ? À moins que ce ne soit les bons petits plats de Jean, qui faisaient de notre pause déjeuner un moment de gastronomie ? Quoi qu'il en soit, la citadine que je suis est repartie avec plein d'astuces (Téo, ton idée de faire un petit trou dans la coquille et laisser le blanc s'écouler pour le séparer du jaune est d'enfer !). En partant, nous nous sommes jurés de revenir pour le marché de producteurs que les de Pomyers organisent chaque année en septembre.

Merci à tous d'avoir fait de ces quelques jours de tournage une si douce parenthèse.

Pour cuire les asperges au micro-ondes... ne pas oublier de mettre un film dessus.

Préparer le mélange aux œufs.

Choisir une bonne crème.

Avec Tom, on a essayé de mixer au mixeur-plongeant, mais c'est plus facile avec celui-là.

Placer les moules souples sur une plaque de cuisson.

Facile, le démoulage !

Flans d'asperges vertes à la ciboulette

POUR 4 PERSONNES
PRÉPARATION : 10 MINUTES
CUISSON : 12 MINUTES

400 G D'ASPERGES VERTES
3 CUILLÈRES À SOUPE RASES DE CRÈME ÉPAISSE
3 CUILLÈRES À SOUPE DE LAIT ENTIER
2 ŒUFS
1 CUILLÈRE À SOUPE D'HUILE D'OLIVE
1 CUILLÈRE À SOUPE DE CIBOULETTE CISELÉE
SEL ET POIVRE
COULIS DE TOMATE EN ACCOMPAGNEMENT

1 Lavez les asperges et coupez les pieds. Taillez les pointes à ras et réservez-les. Coupez les tiges en deux et placez-les dans un récipient allant au micro-ondes puis ajoutez le lait.

2 Filmez et faites cuire 4 minutes à pleine puissance. Pendant ce temps, fouettez les œufs avec la crème, l'huile, du sel, du poivre et la ciboulette.

3 Versez les asperges avec leur lait dans le bol du mixeur. Ajoutez le mélange crémeux et mixez finement.

4 Répartissez la crème d'asperges dans les alvéoles d'un moule à muffins en silicone (ou dans des ramequins). Répartissez les pointes d'asperges dans les moules. Faites cuire 5 minutes à 500 watts, laissez reposer puis faites cuire encore 3 minutes.

5 Servez tiède ou froid, accompagné d'un coulis de tomate. Vous pouvez remplacer la ciboulette par du cerfeuil, du persil ou de la menthe.

L'astuce : pour garder les asperges 3 jours sans qu'elles se dessèchent, entourez-les d'un torchon humide et gardez-les dans le bas du réfrigérateur.

Sauce Tomate
avec des boîtes

POUR 4 PERSONNES
PRÉPARATION : 10 MINUTES
CUISSON : 20 MINUTES

1 BOÎTE DE TOMATES PELÉES AU NATUREL (GRAND MODÈLE)
2 BRINS DE THYM
1 FEUILLE DE LAURIER
2 ÉCHALOTES OU 2 PETITS OIGNONS
1 GOUSSE D'AIL
2 PINCÉES DE SUCRE
PIMENT D'ESPELETTE
1 TRAIT DE VINAIGRE DE VIN ROUGE
2 CUILLÈRES À SOUPE D'HUILE D'OLIVE
SEL ET POIVRE

1 Pelez et émincez les échalotes et l'ail. Faites-les fondre avec l'huile d'olive dans une casserole.

2 Ajoutez le contenu de la boîte de tomates, le sucre, le sel, le poivre, le thym et le laurier.

3 Couvrez et laissez mijoter à feu moyen jusqu'à ce que la sauce soit desséchée et confite (20 minutes environ). Découvrez à mi-cuisson.

4 Retirez du feu et ajoutez un trait de vinaigre. Servez ou mettez en bocal.

L'astuce : de l'eau dans la bouche pour ne pas pleurer pendant que je coupe les oignons... ça bloque les papilles !

Mayonnaise minute
réussie à tous les coups

POUR 1 PETIT VERRE DE MAYONNAISE
PRÉPARATION : 5 MINUTES
PAS DE CUISSON

1 JAUNE D'ŒUF
1 CUILLÈRE À SOUPE RASE DE MOUTARDE (FORTE OU DOUCE, SELON LE GOÛT)
10 CL D'HUILE DE PÉPINS DE RAISINS
SEL ET POIVRE
POUR PARFUMER : CITRON, VINAIGRE, HERBES CISELÉES...

1 Mettez dans le bol d'un petit mixeur le jaune d'œuf, le sel, le poivre et la moutarde.

2 Ajoutez un tiers de l'huile et faites tourner jusqu'à ce que la préparation épaississe. Ajoutez encore un tiers de l'huile, mixez, puis incorporez le reste d'huile. Tournez brièvement. Rectifiez l'assaisonnement.

L'astuce : utilisez de l'huile de pépins de raisin car elle ne fige pas au froid, ce qui rend la mayo moins compacte.

Ça tourne encore ?

Les ingrédients sont prêts

Maintenant, on s'y met !

Contrôle de la balance.

Une touche de maquillage et ça commence

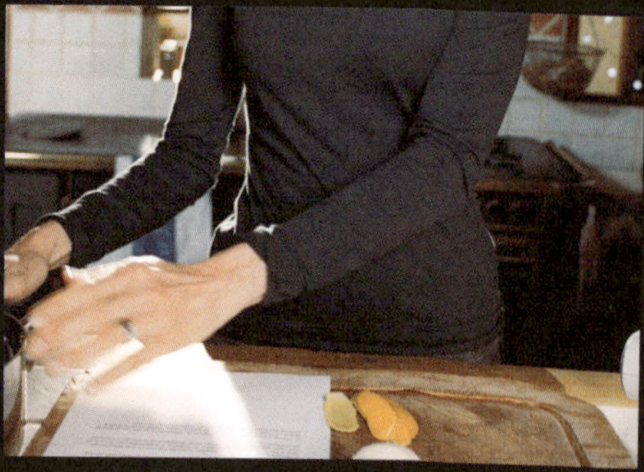

Julie révise !

Ça tourne en cuisine !

Interview au salon...

Les Desserts

enfin une crème caramel inratable

POUR 6 PERSONNES
PRÉPARATION : 20 MINUTES
CUISSON : 1 HEURE

25 CL DE LAIT ENTIER OU DEMI-ÉCRÉMÉ (TRÈS BON AVEC LE DEMI)
4 ŒUFS + 2 JAUNES
200 G DE SUCRE
1 GOUSSE DE VANILLE

1 Remplissez d'eau un plat à gratin de façon à pouvoir y poser les ramequins (à bords hauts) pour le bain-marie.

2 Déposez le plat sur la plaque du four et allumez ce dernier à 150 °C (thermostat 5).

3 Faites chauffer le lait avec la gousse de vanille grattée. Arrêtez avant l'ébullition, couvrez et réservez.

4 Dans un saladier, fouettez les œufs et les jaunes avec la moitié du sucre.

5 Versez le lait chaud sur le mélange en fouettant toujours. Laissez tiédir.

6 Dans la casserole lavée, étalez le sucre restant. Portez sur feu moyen et laissez fondre puis caraméliser sans mélanger, mais en imprimant de temps à autre un mouvement circulaire à la casserole.

7 Versez le caramel dans le fond des ramequins. Ne cherchez pas à tout mettre (je compte large parce que le caramel durcit très vite : il faut juste tapisser le fond des ramequins).

8 Une fois le caramel durci, versez la crème au travers d'une passoire pour retenir la mousse.

9 Déposez les ramequins dans l'eau (elle doit monter jusqu'à la hauteur de la préparation). Faites cuire 1 heure.

10 Au sortir du four, démoulez les crèmes après avoir passé la lame d'un couteau le long des parois. Retournez-les sur des assiettes.

L'astuce : la chaleur est moins agressive
au bain-marie ce qui évite à la crème de trancher.

Mousse citron au miel et à l'huile d'olive

POUR 4 À 6 PERSONNES
PRÉPARATION : 15 MINUTES
CUISSON : 5 MINUTES
REPOS : 1 HEURE

3 ŒUFS (**3** BLANCS ET **2** JAUNES)
1 ½ CITRON NON TRAITÉ
60 G DE SUCRE
5 CL D'HUILE D'OLIVE
(**5** CUILLÈRES À SOUPE)
3 CUILLÈRES À SOUPE DE MIEL
1 POIGNÉE DE NOISETTES OU D'AMANDES GRILLÉES ET CONCASSÉES

1 Pelez le zeste de 1 citron et faites-le blanchir 1 minute à l'eau bouillante. Égouttez-le et hachez-le finement.

2 Versez le jus du citron pelé et celui du demi-citron restant dans une casserole avec le zeste, ajoutez les jaunes d'œufs, fouettez et faites épaissir à feu doux.

3 Quand la préparation a épaissi, ajoutez l'huile et le miel. Laissez encore quelques minutes sur le feu en fouettant. Laissez refroidir.

4 Battez les blancs en neige et incorporez le sucre quand ils sont bien montés.

5 Mélangez-les à la crème de citron en la soulevant avec la cuillère. Servez immédiatement ou mettez au frais 1 heure maximum.

Variante

Vous pouvez parfumer cette mousse avec 1 pincée de piment d'Espelette, de cannelle ou d'anis en poudre et la servir avec des fraises que vous plongez dedans.

Pour presser les citrons, Téo a le coup de main !

Il faut hacher les zestes.

C'est bon tu crois ?

On dirait que oui...

Il faut fouetter tant que c'est chaud...

...et sans toucher les bords.

La classe !

L'ASTUCE
Ajoutez du sucre dans les œufs en neige pour les « serrer » et les empêcher de retomber.

Petites crèmes au chocolat

POUR 4 PERSONNES
PRÉPARATION : 10 MINUTES
CUISSON : 30 À 35 MINUTES
REPOS : 1 NUIT

110 G DE CHOCOLAT À **70 %**
15 CL DE LAIT
20 CL DE CRÈME FRAÎCHE LIQUIDE
3 JAUNES D'ŒUFS
70 G DE SUCRE FIN

1 Préchauffez le four à 120 °C (thermostat 4) en y glissant un plat rempli d'eau à moitié pour y cuire les crèmes au bain-marie.

2 Cassez le chocolat en carrés et hachez-le finement au mixeur.

3 Portez le lait à frémissement, retirez du feu et incorporez le chocolat haché.

4 Laissez fondre 1 minute puis mélangez jusqu'à ce que le chocolat soit fondu. Ajoutez la crème fraîche et réservez.

5 Dans un saladier, fouettez les jaunes d'œufs avec le sucre.

6 Versez la crème chocolatée dessus tout en remuant.

7 Versez-la dans des petits ramequins de style œufs cocotte en filtrant à travers une passoire fine.

8 Faites cuire 30 à 35 minutes au bain-marie. Laissez refroidir avant de mettre au frais une nuit.

L'astuce : hachez le chocolat pour le faire fondre plus facilement sans risquer de le surchauffer.

ÎLES FLOTTANTES
TROP FACILES

POUR 4 PERSONNES
PRÉPARATION : 10 MINUTES
CUISSON : 12 MINUTES

5 BLANCS D'ŒUFS
1 PINCÉE DE SEL
40 G DE SUCRE GLACE
OU DE SUCRE EN POUDRE
75 CL DE (BONNE) GLACE À LA VANILLE
30 G D'AMANDES EFFILÉES

1 Faites fondre la glace sur feu doux dans une casserole. Laissez refroidir.

2 Faites dorer les amandes posées sur une plaque, 10 minutes à 160 °C.

3 Battez les blancs d'œufs en neige avec 1 pincée de sel dans un saladier allant au micro-ondes.

4 Quand ils sont fermes, incorporez petit à petit le sucre sans cesser de battre.

5 Mettez le saladier au micro-ondes et faites cuire les blancs en neige 2 minutes 15 à 350 W.

6 Retournez le saladier sur une grande assiette : les blancs vont former un dôme lisse.

7 Versez la glace fondue dans le plat de service et faites délicatement glisser les blancs dessus.

8 Servez immédiatement ou réservez au frais jusqu'au moment de servir.

9 Décorez en saupoudrant d'amandes grillées juste avant de servir à table.

Pour séparer blancs et jaunes, il faut être très concentré... Ça monte tout seul !

La glace ne doit pas briller.

C'est bon ?

On dirait que oui...

Caroline hésite...

Le problème avec la bouche,
c'est que c'est toujours trop petit !

Mais ça s'arrange en grandissant...

L'ASTUCE
Faites cuire les blancs 2 minutes au micro-ondes à 350 W.

NOIX CARAMÉLISÉES
AUX ÉPICES

POUR 6 PERSONNES
PRÉPARATION : 5 MINUTES
CUISSON : 10 MINUTES

250 G DE NOIX LES PLUS FRAÎCHES POSSIBLES
4 CUILLÈRES À SOUPE GÉNÉREUSES DE MIEL LIQUIDE
2 CUILLÈRES À SOUPE DE GRAINES DE SÉSAME
2 CUILLÈRES À SOUPE D'HUILE D'ARACHIDE
1 CUILLÈRE À CAFÉ DE PIMENT EN POUDRE
1 CUILLÈRE À CAFÉ DE CANNELLE EN POUDRE
1 CUILLÈRE À CAFÉ DE FLEUR DE SEL

1 Passez le miel 30 secondes au micro-ondes pour qu'il soit complètement liquide. Préchauffez le four à 210 °C (thermostat 7).

2 Dans un grand saladier, mélangez le miel, l'huile, le sésame et les épices. Ajoutez les noix et mélangez bien.

3 Étalez les noix sur la plaque du four recouverte de papier sulfurisé, sans qu'elles se chevauchent.

4 Passez au four environ 10 minutes. Remuez à mi-cuisson. Les noix doivent être caramélisées mais sans noircir.

5 Saupoudrez de fleur de sel à la sortie du four. Mélangez bien puis étalez les noix pour les séparer.

6 Servez une fois refroidi.

L'astuce : si vos noix sont un peu sèches, réhydratez-les quelques heures dans du lait tiède.

Madeleines à l'huile d'olive et aux noisettes grillées

POUR 24 MADELEINES ENVIRON
PRÉPARATION : 15 MINUTES
CUISSON : 20 MINUTES

1 ŒUF
200 G DE SUCRE
400 G DE FARINE
1 GROSSE CUILLÈRE À CAFÉ DE LEVURE CHIMIQUE
16 CL DE LAIT
16 CL D'HUILE D'OLIVE
1 PINCÉE DE SEL
1 CUILLÈRE À SOUPE D'EAU DE FLEUR D'ORANGER
60 G DE NOISETTES ENTIÈRES

1 Préchauffez le four à 180 °C (thermostat 6).

2 Faites griller les noisettes au four ou à la poêle. Laissez-les refroidir puis frottez-les dans vos mains pour les peler et concassez-les dans un mortier.

3 Dans un saladier, fouettez énergiquement l'œuf et le sucre.

4 Mélangez l'huile et le lait dans un récipient, la farine et la levure dans un autre.

5 Ajoutez alternativement au mélange œuf-sucre la farine et le lait sans cesser de remuer. Ajoutez 1 pincée de sel assez généreuse.

6 Huilez légèrement un moule à madeleines (sauf s'il est en silicone).

7 Répartissez la pâte en remplissant les alvéoles aux trois quarts (pour que les madeleines puissent monter).

8 Enfournez et laissez cuire 20 minutes. Laissez refroidir. Gardez les madeleines dans un récipient hermétique.

L'astuce : utilisez un sac alimentaire comme poche à douille dont vous couperez 1 extrémité.

Financiers,
les lingots du pâtissier

POUR 12 FINANCIERS
PRÉPARATION : 15 MINUTES
CUISSON : 15 MINUTES

50 G DE PISTACHES PELÉES ET NON SALÉES
+ 50 PISTACHES POUR LA DÉCO
50 G DE FARINE
130 G DE BEURRE
130 G DE SUCRE ROUX
130 G DE BLANCS D'ŒUFS (**4** BLANCS ENVIRON)
FLEUR DE SEL
ARÔME PISTACHE (FACULTATIF)

1 Préchauffez le four à 200 °C (thermostat 6-7) et sortez la plaque.

2 Faites fondre le beurre dans une petite casserole jusqu'à ce qu'il soit de couleur noisette et filtrez-le dans une passoire. Laissez-le tiédir.

3 Hachez finement les pistaches au mixeur.

4 Ajoutez le sucre dans le mixeur pour l'affiner et mixez l'ensemble pendant 1 minute au moins (les pistaches doivent être moulues très fin).

5 Versez le mélange dans un saladier puis ajoutez la farine et 1 pincée de fleur de sel (ainsi que l'arôme pistache si vous en mettez). Remuez.

6 Incorporez les blancs d'œufs en tournant doucement avec un fouet ou une fourchette et terminez avec le beurre. Mélangez jusqu'à ce que la pâte soit homogène.

7 Posez le moule (s'il est souple) sur la plaque du four. Répartissez la pâte dans les alvéoles. Enfournez et laissez cuire 15 minutes environ. Mangez tiède.

Mise en place.

Encore des bêtises !

Concentration...

Observation...

Décontraction !

Attention...

Tout le monde s'y met !

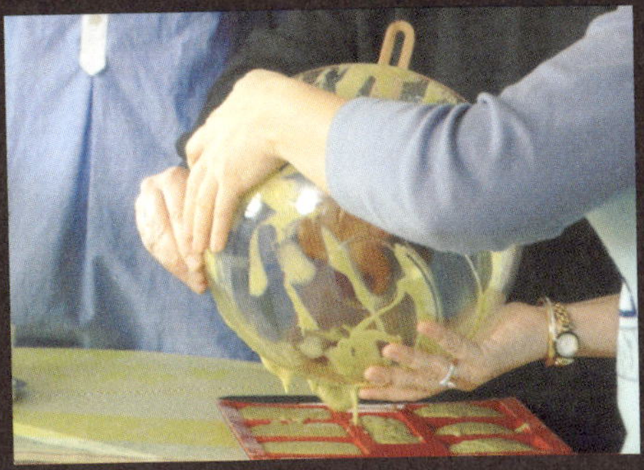

Si on avait su, on en aurait fait plus...

Un des coins, ça ne se verra pas !!

L'ASTUCE

Mixez ensemble le sucre et les pistaches pour que ces dernières soient moulues plus finement.

PENDANT LE TOURNAGE DES COOKIES

Tout le monde est là ?

Caroline s'occupe du beurre.

On met tous les ingrédients secs ensemble.

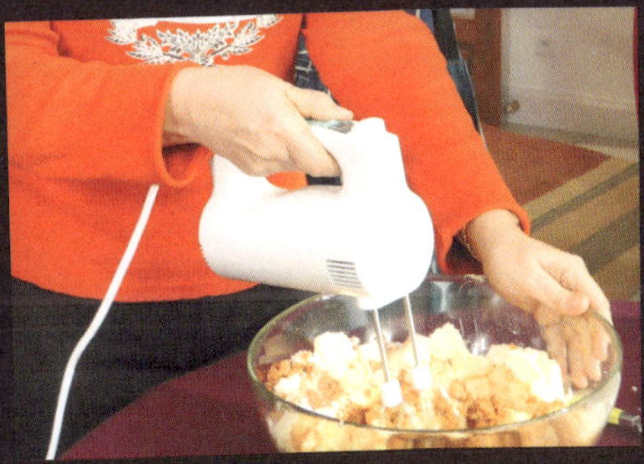

On s'embête pas, on prend le batteur....

On ajoute les œufs et on continue de battre.

Ça, c'est la bonne consistance.

C'est prêt !

Goûter au soleil...

cookies : moelleux ou croustillants ?

POUR 24 COOKIES
PRÉPARATION : 15 MINUTES
CUISSON : 8 MINUTES

320 G DE BEURRE FROID
300 G DE CASSONADE
200 G DE SUCRE SEMOULE
2 GROS ŒUFS
1 CUILLÈRE À SOUPE D'EXTRAIT DE VANILLE
480 G DE FARINE
1 GROSSE PINCÉE DE FLEUR DE SEL
½ SACHET DE LEVURE
300 G DE PÉPITES DE CHOCOLAT

1 Préchauffez le four à 190 °C (thermostat 6-7). Sortez les plaques.

2 Dans un robot ou au fouet électrique, battez le beurre ramolli, le sucre brun et le sucre semoule. Commencez à petite vitesse puis augmentez la puissance jusqu'au maximum.

3 Ajoutez les œufs, la pincée de sel et la vanille puis battez doucement jusqu'à ce que ce soit absorbé. Battez ensuite à vitesse maximale jusqu'à ce que le mélange soit léger et mousseux (comptez environ 1 minute).

4 Ajoutez la farine mélangez avec la levure et remuez à la cuillère en bois.

5 Incorporez enfin les pépites de chocolat.

6 Couvrez deux plaques de papier sulfurisé. Prélevez des cuillerées à soupe de pâte et déposez-les en petits tas espacés sur les plaques. Mettez au frais la pâte non utilisée.

7 Glissez les plaques en haut et au milieu du four. Faites cuire 8 minutes, en échangeant les plaques de place à mi-cuisson.

8 Sortez les plaques du four et faites glisser les feuilles avec les cookies sur une surface froide pour arrêter la cuisson.

9 Laissez reposer 5 minutes puis transférez les cookies à l'aide d'une spatule sur une grille pour qu'ils refroidissent complètement. Laissez les plaques refroidir complètement avant d'entamer une nouvelle fournée.

L'ASTUCE : si vous aimez les cookies moelleux, mettez la pâte à refroidir avant de les cuire. Elle s'étalera plus doucement dans le four et donnera des cookies plus denses et moelleux. Roulez le reste de pâte en boudin dans du papier film ou aluminium.

Beignets de bananes en carapace de caramel

POUR 4 PERSONNES
PRÉPARATION : 15 MINUTES
CUISSON : 8 MINUTES

3 BANANES MÛRES
150 À **200** G DE FARINE
2 ŒUFS
150 G DE SUCRE
50 G DE GRAINES DE SÉSAME
30 CL D'HUILE D'ARACHIDE
1 SALADIER D'EAU GLACÉE

1 Placez la farine dans une assiette creuse et les œufs battus dans une autre.

2 Faites dorer les graines de sésame dans une poêle sèche.

3 Faites chauffer l'huile dans une sauteuse ou une friteuse. Si vous avez un thermomètre, comptez 200 °C. Sinon, l'huile doit être frémissante, mais pas brûlante.

4 Préparez le caramel : versez le sucre dans une grande casserole, ajoutez un grand verre d'eau (25 cl environ), portez à ébullition et laissez caraméliser. Ne poussez pas trop la cuisson, le caramel doit rester un peu liquide. Ajoutez les graines de sésame dans le caramel.

5 Pendant ce temps, pelez et découpez les bananes en tranches de 2 cm d'épaisseur.

6 Passez les morceaux de bananes dans la farine, puis dans l'œuf et de nouveau dans la farine. Plongez-les enfin dans l'huile bien chaude mais pas fumante. Laissez-les dorer 3 minutes environ.

7 Égouttez-les sur du papier absorbant.

8 Une fois que tous les beignets sont cuits, plongez-les (pas plus de trois à la fois) dans le caramel pour les enrober et posez-les sur un plat huilé, en les séparant bien.

9 Servez ainsi à table, avec un saladier d'eau glacée. Chacun pourra plonger son beignet dans l'eau avant de le manger pour qu'il devienne croquant.

L'astuce : filtrer l'huile pour la réutiliser.

MUFFINS SUCRÉS
aux courgettes

POUR 6 PERSONNES
PRÉPARATION : 15 MINUTES
CUISSON : 20 MINUTES

300 G DE COURGETTES BIEN FERMES
200 G DE FARINE
125 G DE SUCRE ROUX
3 ŒUFS
½ SACHET DE LEVURE CHIMIQUE
4 CUILLÈRES À SOUPE D'HUILE D'OLIVE
½ CUILLÈRE À CAFÉ
DE POUDRE DE VANILLE
1 PINCÉE DE SEL

1 Préchauffez le four à 200 °C (thermostat 6-7).

2 Mélangez les œufs, le sucre, le sel, la vanille et l'huile. Incorporez la farine et la levure.

3 Râpez les courgettes à la grosse grille, au-dessus d'un torchon propre. Faites un ballotin et pressez les courgettes pour retirer le maximum d'eau. Incorporez-les à la pâte.

4 Huilez 6 ramequins (inutile si vous utilisez des moules en silicone). Remplissez les aux trois quarts de pâte, lissez bien la surface en donnant de petites secousses aux moules et enfournez. Laissez cuire 20 minutes.

5 Servez tiède ou froid, avec du beurre, du fromage ou de la confiture d'abricot.

conseil
Laissez cuire quelques minutes de plus si vous utilisez des moules plus grand.

L'astuce : pour remplir plus facilement les moules, utilisez une cuillère à boule de glace.

scones
aux raisins secs et au pavot

POUR 12 SCONES
PRÉPARATION : 20 MINUTES
CUISSON : 25 MINUTES

250 G DE FARINE DE BLÉ T 55
25 G DE FARINE COMPLÈTE OU SARRASIN
60 G DE BEURRE
15 CL DE LAIT ENTIER (OU DE SOJA)
1 SACHET DE LEVURE CHIMIQUE
½ CUILLÈRE À CAFÉ DE SEL
1 CUILLÈRE À SOUPE DE SUCRE
60 G DE RAISINS SECS
2 GROSSES CUILLÈRES À SOUPE DE PAVOT BLEU
1 CUILLÈRE À CAFÉ DE CANNELLE EN POUDRE (FACULTATIF)
PAPIER SULFURISÉ

1 Préchauffez le four à 200 °C (thermostat 6-7) et retirez la plaque du four. Sortez le beurre du réfrigérateur.

2 Dans un saladier, mélangez les farines, la levure, le sucre et le sel. Fouettez pour mélanger.

3 Ajoutez le pavot et la cannelle (si vous en utilisez) puis les raisins secs et le beurre en petits morceaux. Mélangez du bout des doigts pour bien incorporer le beurre. Vous devez obtenir une texture légèrement sableuse. Faites un puits et versez progressivement le lait en remuant avec une fourchette.

4 Quand la pâte épaissit, retirez la fourchette et terminez à la main pour façonner une boule. Ne travaillez pas trop la pâte pour qu'elle lève bien.

5 Déposez la boule sur une surface farinée. Étalez-la avec le plat de la main jusqu'à une épaisseur de 3 cm. Découpez-la avec un emporte-pièce de 5 cm de diamètre (ou un petit verre).

6 Couvrez la plaque d'une feuille de papier sulfurisé et déposez les scones dessus. Enfournez et faites cuire 25 minutes. Servez tiède accompagné de beurre, de confiture ou de fromage.

conseil

Pour une version 100 % végétale, remplacez le beurre par de la margarine et le lait par du lait de soja. Pour que vos scones soient encore plus dorés, badigeonnez-les d'œuf battu juste avant de les cuire.

L'astuce : ne faites surtout pas tourner l'emporte-pièce pour couper la pâte (les bords «vrillés» risquent de ne pas gonfler).

Cannelés bordelais

POUR 20 CANNELÉS
PRÉPARATION : 15 MINUTES
CUISSON : 1 H 10

- **50** CL DE LAIT ENTIER
- **50** G DE BEURRE + UN PEU POUR LE MOULE
- **2** ŒUFS ENTIERS
- **2** JAUNES D'ŒUFS
- **250** G DE SUCRE SEMOULE
- **100** G DE FARINE
- **5** CL DE RHUM
- **1** GOUSSE DE VANILLE
- **1** PINCÉE DE SEL FIN

1 Dans une petite casserole, versez le lait, ajoutez le beurre et la gousse de vanille grattée.

2 Chauffez sur feu moyen et retirez du feu quand la préparation est bien fumante, mais surtout pas bouillante.

3 Pendant que le lait chauffe, fouettez le sucre avec les œufs entiers et les jaunes.

4 Ajoutez le lait progressivement en fouettant, puis la farine tamisée, le rhum et le sel, sans cesser de remuer.

5 Laissez refroidir et gardez au frais 24 heures au moins.

6 Le lendemain, préchauffez le four à 200 °C (thermostat 6-7).

7 Déposez un moule à cannelés en silicone (souple) sur la plaque du four. Remplissez les alvéoles du moule aux trois quarts. Enfournez pour 1 h 10.

8 Démoulez les cannelés et posez-les sur une grille à pâtisserie pour les faire refroidir.

Des moules souples, c'est plus facile.

De la vraie vanille !

On bat les œufs entiers...

...puis on ajoute le sucre.

C'est bon, tu crois, Jérôme ?

On fait chauffer le lait avec la vanille et le beurre.

Attention, c'est chaud !

Le lendemain...

Ça monte, c'est gagné !

C'est un peu long mais ça vaut le coup !

L'ASTUCE
Utilisez un moule en silicone pour des cannelés bien dorés.

Les crêpes fastoches

POUR 20 CRÊPES
PRÉPARATION : 10 MINUTES
REPOS : 1 HEURE
CUISSON : 1 À 2 MINUTES PAR CRÊPE

250 G DE FARINE
2 ŒUFS
25 CL DE BIÈRE BLONDE
25 CL DE LAIT ENTIER OU DEMI-ÉCRÉMÉ (SELON LE GOÛT, LA LIGNE ET CE QUE VOUS AVEZ SOUS LA MAIN...)
1 CUILLÈRE À SOUPE BOMBÉE DE SUCRE
1 CUILLÈRE À SOUPE D'HUILE DE PÉPINS DE RAISIN
SEL
HUILE POUR LA POÊLE

1 Battez les œufs. Versez la farine et le sucre dans un saladier puis ajoutez les œufs et l'huile.

2 Fouettez énergiquement. Ajoutez progressivement la bière puis le lait. Assaisonnez d'une bonne pincée de sel. Couvrez et laissez reposer 1 heure à température ambiante ou jusqu'à 24 heures au frais.

3 Versez un filet d'huile dans une large poêle antiadhésive. Étalez-le à l'aide de papier absorbant ou avec une moitié de pomme de terre piquée au bout d'une fourchette.

4 Quand la poêle est bien chaude, versez une petite louche de pâte et tournez la poêle tout de suite pour répartir la pâte sur toute la surface. Laissez cuire 1 minute environ.

5 Décollez les bords avec les doigts et retournez-la. Laissez cuire encore 40 secondes environ. Mettez-la de côté sur une assiette ou garnissez-la tout de suite puis roulez-la ou pliez-la. Recommencez avec le reste de pâte.

conseil

Servez par exemple avec quelques lamelles de beurre salé, du sucre roux et un filet de jus de citron.

L'astuce : mettez de la bière dans la pâte, cela agit comme une levure naturelle. Elle sera alors beaucoup plus légère et parfumée.

Y a comme une odeur de noisettes...

Il faut que le beurre soit mou pour pouvoir le malaxer.

Je peux aussi ?

Attention Morgane, il ne faut pas trop travailler la pâte.

L'épluchage des Carambars !

Pas facile de faire un disque !

Et on fait quoi avec les Carambars ?

On pile les noisettes.

C'est ça la cuisson à blanc !

Le tournage de la pâte sablée et de la tarte à la crème de caramel

(voir recettes pages suivantes)

souvenirs de tournage chez les Mahé

Au jeu des 7 familles, la famille Mahé est certainement la famille « énergie ».

Soazig, la grand-mère donne le ton : jeune retraitée du journal « Le Figaro », elle entretient deux chambres d'hôtes dans sa jolie maison de Sèvres et enchaîne les cours de tennis et le peu de temps qui lui reste pour des visites régulières au marché pour ne pas déroger à sa déontologie culinaire : que du frais !

Son fils Jildas a créé un magazine gratuit intitulé « Cigale » tout en passant un CAP de boulangerie tandis que Florence veille sur leur trois filles : Morgane, 12 ans, Astrid, 10 ans et Hermine, 9 ans. Pas facile de maîtriser ces trois grâces à la curiosité insatiable et à l'énergie communicative.

Les consignes étaient claires : aider Florence à conjurer le sort qui semble l'empêcher de réussir ses desserts et lui faire découvrir la cuisine sans conserves ni surgelés, proposer quelques recettes originales et faciles à cuisiner sur le réchaud du bureau de Jildas, surprendre Soazig en renouvelant son – déjà vaste – répertoire de recettes exotiques et épicées, glanées au fil de ses voyages au Maroc ou au Sri Lanka et, bien sûr, amuser et régaler les « filles » en leur faisant découvrir les secrets des recettes qu'elles ne mangent qu'au restaurant. Défi relevé, à en juger par le succès de la salade de canard thaïlandaise, la pizza maison, le poisson « flip flap » cuit au dessus de la casserole ou les galettes de pommes de terre, devenues en un tour de spatule les « cracks » d'Astrid.

Le plus difficile ? Garder mon sérieux face à l'humour décapant de Jildas, et réussir à préparer une recette avec Astrid et Hermine sans que la cuisine ne vire au champ de bataille. Échec assumé !
Un grand merci à Soazig d'avoir accueilli notre équipe dans son salon pendant 10 jours, exploit au moins aussi valeureux que l'étalage de la croûte de sel par Florence (et ce n'est pas rien).
Merci à tous et encore bravo.
PS : les filles, vous êtes aussi rock and roll que Myriam !

La meilleure pâte sablée, c'est la nôtre !

POUR 2 PÂTES À TARTE
PRÉPARATION : 15 MINUTES
REPOS : 30 MINUTES

50 G DE NOISETTES EN POUDRE (FACULTATIF)
250 G DE FARINE
1 PETIT ŒUF
125 G DE BEURRE
125 G DE SUCRE GLACE
2 PINCÉES DE SEL

1 Mixez les noisettes.

2 Sortez le beurre et l'œuf du réfrigérateur 30 minutes à l'avance.

3 Mélangez dans un grand saladier la farine, le sel et le sucre glace, puis ajoutez le beurre coupé en petits dés.

4 Mélangez les ingrédients du bout des doigts puis plus énergiquement, en faisant des boules dans la paume de la main et en les relâchant. La pâte doit ressembler à du sable mouillé.

5 Versez-la en tas sur le plan de travail, faites un puits au centre, versez l'œuf dedans, saupoudrez de poudre de noisette et mélangez pour amalgamer le tout le plus rapidement possible.

6 Façonnez une boule, entourez-la de papier film et laissez la reposer 30 minutes minimum (jusqu'à 48 heures) au frais.

L'ASTUCE : RAJOUTEZ UNE PINCÉE DE SEL DANS LA PÂTE : IL REHAUSSE LE GOÛT SUCRÉ DU DESSERT EN CRÉANT UN CONTRASTE.

La tarte à la crème... de caramel

POUR 6 PERSONNES
PRÉPARATION : 20 MINUTES
CUISSON : 25 MINUTES

20 CARAMBARS AU CARAMEL
30 CL DE CRÈME LIQUIDE
20 G DE CHOCOLAT NOIR OU **1** GROSSE CUILLÈRE À SOUPE DE CACAO EN POUDRE
50 G DE NOISETTES GRILLÉES PELÉES ET CONCASSÉES
PÂTE SABLÉE AUX NOISETTES (RECETTE PAGE PRÉCÉDENTE)

1 Mixez grossièrement les noisettes. Beurrez légèrement un petit moule à tarte à fond amovible puis mettez-le au frais

2 Sortez la pâte du réfrigérateur. Divisez la boule en deux parts égales et réservez-en une, bien emballée, au frais ou au congélateur.

3 Aplatissez l'autre part de pâte sur une surface farinée, d'abord avec la paume de la main puis au rouleau, en la tournant plusieurs fois d'un quart de tour pour former un disque régulier. Enroulez-la ensuite autour du rouleau pour la déplacer du plan de travail dans le moule à tarte. Déroulez-la sur le moule en la faisant déborder un peu.

4 Enfoncez-la légèrement (sans trop la triturer) et coupez les bords qui dépassent en passant le rouleau sur le moule. Laissez-la ensuite au frais pendant 10 minutes au moins (ceci évite qu'elle se rétracte à la cuisson).

5 Préchauffez le four à 160 °C (thermostat 5-6). Faites cuire le fond de tarte pendant 25 minutes (la pâte doit être bien dorée).

6 Faites chauffer la crème dans une petite casserole. Ajoutez les carambars et remuez sur feu doux jusqu'à ce qu'ils soient fondus.

7 Ajoutez le chocolat ou le cacao.

8 Saupoudrez le fond de tarte tiède avec les noisettes mixées puis versez la crème de carambar et laissez tiédir. Mettez au frais pour que le caramel fige un peu.

L'ASTUCE : LE CACAO EN POUDRE COMPENSE LE GOÛT TRÈS SUCRÉ DU CARAMEL.

souvenirs de tournage chez les Lambert

La famille Lambert est ce que l'on appelle une famille positive. De ceux dont l'équilibre, l'humour et la complicité agaceraient presque. Archi « biens dans leurs baskets », les enfants sont aussi studieux qu'éveillés. La méthode de Christine et Jérôme ? Des blagues, qui fusent non-stop, une attention sans faille à leurs enfants, et un grand voyage par an – lors de notre passage, ils revenaient de Mongolie, rien de moins !

Installés pendant 12 ans en région parisienne, ils se sont « évadés » (selon Christine) il y a 2 ans, en Charente Maritime, où ils profitent d'un « plein bonheur ». L'inusable dynamisme de Christine s'arrête pourtant à la porte de la cuisine, que Jérôme s'est volontiers appropriée. Il y prépare des plats toujours différents, souvent assez élaborés, même si sa femme avoue l'avoir épousé « pour sa sauce tomate ». Si Alexandre, digne fils de son père, ne cesse de fureter dans la cuisine, Pierre prend le parti de sa maman, réservant à cette pièce un parfait désintérêt. Ce qui le rebute ? Devoir « y mettre les mains ». La surprise fut de taille lorsque, pour façonner le gâteau de spaghettis, il enfonça ses bras jusqu'aux coudes dans les pâtes pleines de sauce.

Autre mutation : Caroline a réussi à monter des œufs à la neige plus hauts que ses 3 pommes et Christine a été acceptée dans la cuisine, remportant brillamment la palme des meilleures lasagnes.

Un échange joyeux et fécond, au point de nous voir gratifiés de quelques mails d'une rare gentillesse, qui résument assez bien l'ambiance sur le tournage et les séquelles laissées par notre passage.

Merci à tous les 5 de votre incroyable hospitalité et de votre joie de vivre contagieuse.

PS : Alexandre, j'te prends quand tu veux à la Playstation 2 !

On met tout dans le saladier… …et on fouette ! Le pot de yaourt sert de mesure.

Une goutte de vanille.

On n'oublie pas le chocolat !

Alexandre, goûteur professionnel…

C'est de famille !

Si c'est light,
j'en prends une grosse !

Le tournage du cake au chocolight

(voir recette page suivante)

Cake au chocolight

POUR 10 PERSONNES
PRÉPARATION : 20 MINUTES
CUISSON : 1 HEURE

160 G DE CHOCOLAT NOIR À **50 %** DE CACAO
3 ŒUFS
1 POT DE YAOURT NATURE
2 ½ POTS DE FARINE
1 POT DE SUCRE EN POUDRE
1 SACHET DE LEVURE CHIMIQUE
1 CUILLÈRE À SOUPE D'HUILE DE COLZA
1 GOUSSE DE VANILLE OU **2** CUILLÈRES À CAFÉ D'EXTRAIT DE VANILLE
SEL

1 Préchauffez le four à 150 °C (thermostat 5).

2 Coupez le chocolat en morceaux et faites-le fondre deux fois 1 minute au micro-ondes à 400 W en remuant au bout de 1 minute.

3 Beurrez un moule à cake de 25 cm de long et saupoudrez les parois de sucre. Laissez reposer au frais.

4 Fouettez les œufs avec le yaourt puis lavez et séchez bien le pot de yaourt. Vous l'utiliserez pour mesurer la farine et le sucre en le remplissant à ras.

5 Ajoutez sur les œufs battus le sucre puis la farine mélangée avec la levure et 1 pincée de sel. Ajoutez ensuite l'huile et la vanille (si vous utilisez une gousse, fendez-la et grattez bien les graines). Remuez bien avant de faire deux parts de pâte dans deux saladiers.

6 Incorporez le chocolat dans une moitié de pâte et reversez ce mélange dans la pâte nature en traçant un cercle.

7 Versez la pâte dans le moule et faites cuire 1 heure.

8 Démoulez encore chaud (mais pas brûlant non plus !).

9 Laissez tiédir avant de couper en tranches. Le cake se garde une semaine s'il est bien emballé.

L'ASTUCE : BEURREZ ET SUCREZ LE FOND DU MOULE POUR QUE L'EXTÉRIEUR DU CAKE SOIT BIEN CROUSTILLANT.

Crumble aux pommes inratable

POUR 6 PERSONNES
PRÉPARATION : 15 MINUTES
CUISSON : 47 MINUTES

5 POMMES ROYAL GALA
1 CUILLÈRE À CAFÉ DE CANNELLE MOULUE
150 G DE FARINE
50 G D'AMANDES OU DE NOIX FINEMENT CONCASSÉES
150 G DE VERGEOISE POUR LA PÂTE + **1** GROSSE CUILLÈRE À SOUPE POUR LES POMMES
130 G DE BEURRE
2 POIGNÉES DE CRANBERRIES
1 GROSSE PINCÉE DE FLEUR DE SEL

1 Préchauffez le four à 200 °C (thermostat 6-7). Pelez et coupez les pommes en gros dés. Ajoutez la cannelle et une cuillère à soupe de vergeoise.

2 Chauffez 30 g de beurre dans une grande poêle. Ajoutez les pommes et les cranberries et faites cuire 7 minutes, jusqu'à ce que l'eau des pommes soit évaporée. Mettez-les alors dans un moule rond (ou carré) de 30 cm de diamètre (ou de côté). Tassez un peu pour aplanir la surface.

3 Mettez dans un saladier la farine, le reste de vergeoise, le beurre froid coupé en dés, les amandes ou les noix et le sel. Mélangez du bout des doigts pour obtenir une texture sableuse. Pour obtenir cette texture, j'ai une méthode : pressez fermement la pâte dans le creux de vos mains puis lâchez-la.

4 Répartissez la pâte sur les pommes. Mettez au four sur une grille et laissez cuire 40 minutes. Servez tiède ou froid, avec une boule de glace vanille.

Royal gala ou golden, ça marche aussi... Christine est tout ouïe

Pour la pâte, il faut y aller avec les doigts.

Aplatir les pommes...

...puis une pincée de cannelle.

Ça va marcher ?

Tu paries ?

Un vrai délice...

L'ASTUCE
Tassez bien les fruits dans le moule avant d'ajouter la pâte pour éviter que la pâte ne glisse sous les pommes et ne soit toute molle.

Mœlleux chocolat et noix à la vapeur

POUR 6 À 8 PERSONNES
PRÉPARATION : 10 MINUTES
CUISSON : 45 MINUTES

100 G DE CHOCOLAT À **55 %** ENVIRON
100 G DE BEURRE
80 G DE SUCRE
50 G DE NOIX
5 ŒUFS
1 PINCÉE DE SEL

1 Faites chauffer l'eau dans le cuit-vapeur.

2 Cassez le chocolat et faites-le fondre deux fois 1 minute au micro-ondes à 500 W (remuez à mi-cuisson). Ajoutez le beurre mou, remuez et faites fondre encore 30 secondes.

3 Fouettez les œufs avec le sucre et la pincée de sel. Ajoutez le chocolat fondu, remuez, puis incorporez les noix concassées. Versez la pâte dans un moule d'un diamètre inférieur à celui de votre cuit-vapeur. Faites cuire 45 minutes.

4 Laissez refroidir et démoulez.

CONSEIL :
Si vous n'avez pas de cuit-vapeur, il suffit de poser le moule sur une grille placée dans un wok à moitié rempli d'eau et de couvrir le tout.

Première étape : fou rire !

Inventaire des ingrédients.

On ajoute le beurre

Quand le beurre est fondu, on mélange.

Léa tente de faciliter la vaisselle...

Encore meilleur avec les doigts !

L'ASTUCE

Frappez la tablette sans l'ouvrir pour casser le chocolat rapidement.

Un glaçage au chocolat
comme les chefs

POUR 1 GÂTEAU
PRÉPARATION : 5 MINUTES
CUISSON : 40 SECONDES AU MICRO-ONDES OU 5 MINUTES AU BAIN-MARIE

125 G DE CHOCOLAT NOIR À **65** OU **70 %** DE CACAO
25 G (**3** CUILLÈRES À SOUPE) D'HUILE DE TOURNESOL

1 Si vous faites fondre le chocolat au bain-marie, inutile de le hacher : coupez-le simplement en carrés que vous faites fondre au-dessus d'une eau frémissante (le récipient qui contient le chocolat ne doit pas toucher l'eau).

2 Si vous faites fondre le chocolat au micro-ondes, hachez-le au couteau et mettez-le dans un grand bol. Faites fondre 20 secondes par 20 secondes à 500 W maximum en tournant à chaque intervalle.

3 Ajoutez l'huile dans le chocolat fondu. Remuez pour bien mélanger. Laissez revenir à une température entre 35 °C et 40 °C environ (il doit être tiède aux doigts). Étalez à la spatule en disposant le gâteau ou le cake sur une grille.

4 Quand il ne « goutte » plus, posez le gâteau sur le plat de service et décorez-le comme vous le souhaitez : sucre glace, macarons, Smarties...

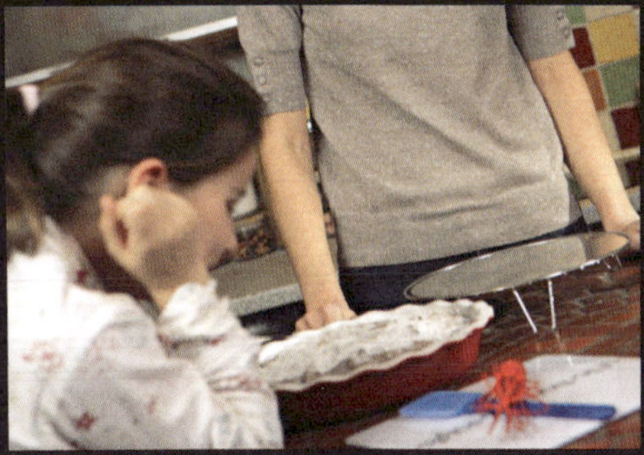

Hermine a fait un gâteau et voudrait bien le décorer, on s'y met ?

une fois le chocolat fondu, il faut goûter ! puis étaler...

le réalisateur n'en revient pas

L'ASTUCE
Ajouter de l'huile dans le nappage permet de le fluidifier. Le chocolat s'étalera mieux et sera plus lisse.

cuisine en ligne...

De : Christine LAMBERT
Envoyé : lundi 28 janvier 2008 10:01
À : julie andrieu
Objet : Merci

Chère Julie,

Waouh, ça y est nous revoilà lâchés dans la nature, une question se pose maintenant allons-nous retomber dans la « nuggetstitude » ? Pas si sûr ? Vraiment ta visite nous a permis de faire de la cuisine un nouveau lieu d'expérimentation. C'était déjà un lieu de vie, d'échange et de plaisir pour la famille, mais tout de même LA chasse gardée de Jérôme, notre fier papa poule dans toute sa splendeur, le seul, l'unique dans cette maison à pouvoir se glorifier des petits plats réussis ! Maintenant c'est dit, fini les fêtes des mères où l'on m'offrira le dictionnaire UNIX (c'est de l'informatique) ou l'encyclopédie des X-Men. Maintenant, je brûle d'avoir des moules à cannelés et autre robot fouetteur (désolée même si j'en ai envie je ne connais pas encore le nom). Je laisse même traîner nonchalamment tes livres de cuisine sur ma table de chevet et je ne sais pas s'il faut y voir une relation de cause à effet mais je rêve maintenant que je fais des petits plats !
(...)

À bientôt
Christine

De : julie andrieu
Envoyé : mercredi 30 janvier 2008 12:56
À : 'Christine LAMBERT'
Objet : RE: Merci

Chère Christine,

Je viens de rentrer d'un we prolongé à l'Île de Ré, chez mon Papa, où le soleil a continué de briller. Comme votre région est douce... Ta lettre m'a « cueillie ». Elle m'a beaucoup touchée et celle que tu as adressée à l'équipe est d'une délicatesse - et d'une perspicacité - absolue. Non seulement vous nous avez fait la gentillesse de nous accueillir pendant toutes ces journées, vous avez joué le jeu avec beaucoup de bonne volonté et de gaîté mais en plus c'est vous qui nous remerciez... le comble ! Bien que cela ne m'étonne pas vraiment de vous tous. (...)
Nous avons passé une semaine formidable, pleine de beaux sentiments et savoir que nos petites graines ont commencé à germer dès notre départ est une grande satisfaction. Maintenant, il faut que tes hommes te donnent un coup de main et que Jérôme ouvre un peu son pré carré, même si beaucoup d'épouses rêvent de ta situation...
Les livres de cuisine sur la table de nuit, bonne idée. Si tu veux creuser certains sujets, n'hésite pas à m'en parler, nous avons tellement de livres ici que je t'en enverrai volontiers quelques-uns...
Je vous embrasse tous très fort et vous remercie encore chaleureusement. J'espère vous voir très vite pour une bonne bouffe à Paris. Amitiés et un grand merci à vous tous. Et un petit baiser sur le nez de Caroline!

Julie

De : Christine LAMBERT
Envoyé : mercredi 30 janvier 2008 17:22
À : julie andrieu
Objet : Vous avez dit Julification ?

Hé Julie !

Si tous les autres livres sont aussi intéressants, j'adorerai les avoir aussi, je veux bien devenir fétichiste spécial livre Julie Andrieu ! (...)
Parlons du processus de « Julification » chez les Lambert : tout d'abord je dis NON au nuggets. C'est devenu un jeu avec les garçons. Je leur dis « Vous voulez manger quoi ? » Pierre répond « Pâtes nuggets », là, je suis ferme et catégorique : « non, nous avons eu une semaine de cours de cuisine et vous voulez des nuggets ? », alors ils vont dans le frigo, regardent ce qu'il y a et nous faisons un truc ensemble. Jérôme m'a dit « un week-end on invitera du monde et c'est toi qui cuisineras », tu peux croire ça ?
Depuis ton départ nous avons fait :
- Sandwich BLT, pour le mien j'ai remplacé la mayo (c'est contre ma religion, dire que j'en ai goûté trois fois, l'enfer me guette !) par de la vache kiri et de la moutarde au miel.
- Noix au miel et piment (on a plus de sésame).
- Et bien sûr tous les cookies ont été cuits. Juste un ratage pour le premier boudin de pâte, car le four était à 7 au lieu de 5 et même en arrêtant de suite, ils avaient cuit trop chaud. Ok rien d'exceptionnel ni de tapageur, en fait je m'en veux de ne pas avoir pris des notes pour les autres recettes. Te serait-il possible de m'envoyer la recette de la crème brûlée au foie gras, du crumble (tu crois que si je mettais ma confiture de mûres maison avec les pommes ça irait ?), des lasagnes, des... trop envie d'essayer des trucs que nous avons fait ensemble.
En tout cas bon voyage au Cameroun, attention de ne pas te faire détourner vers le Gabon !

De : julie andrieu
Envoyé : mercredi 30 janvier 2008 18:47
À : 'Christine LAMBERT'
Objet : RE: Vous avez dit Julification ?

Christine,

J'adore cette julification, j'ose penser qu'il s'agit moins d'orgueil que du plaisir de partager. Donc notre émission remplirait bien sa mission!? Quelle joyeuse nouvelle. Il faut dire, au risque de me répéter que, nous sommes tombés sur une sacrée famille. ET si en plus, Boubounette entrouvre son rideau de cheveux, alors, tout devient possible, comme on dit dans les pubs. Pour les livres, je m'en occupe dès mon passage au bureau. Enfin, pas question de voir vos initiatives gourmandes freinées pour cause de recettes manquantes. Les voilà donc, encore pas diffusées, toutes fraîches. Je te fais confiance pour ne pas en faire un blog demain matin au risque de froisser les « huiles » de la profession.
J'adore le coup du kiri et de la moutarde au miel. Entre nous, ce doit même être largement meilleur. À quand l'ouverture d'un restaurant familial ?

Je vous embrasse.
Julie

De : Christine LAMBERT
Envoyé : lundi 11 février 2008 12:32
À : julie andrieu
Objet : Manquage c'est pas ratage !

Chère Julie,

J'ai bien reçu les livres, super sympa merci, je continue ma quête dans ma cuisine. Cette semaine grâce aux fiches que tu m'as envoyées j'ai refait les basiques on va dire.
Donc, comme tant désiré, j'ai refait les lasagnes, tu as raison impossible de les manquer. Je n'ai pas revu le truc de la semoule, ce n'est pas au fond des lasagnes qu'il faut mettre de la polenta pour faire un effet croustillant (je dois confondre avec le gâteau de spaghetti) ? C'est super bon ! Je ne sais pas si il y a une propriété intellectuelle sur ces lasagnes mais maintenant on les appelle ici les lasagnes de Maman.
Étonnamment je ne les trouve pas lourds pourtant avec tout ce fromage, et franchement les enfants les préfèrent à ceux à la béchamel, c'est plus onctueux et cela a plus de tenue.
Par rapport à la description de la recette je n'arrive pas à faire autant d'étages (1/3 1/3 1/3 ricotta) c'est-à-dire partout où tu dis trois je ne fais que deux (je dois avoir la main un peu lourde) mais c'est délicieux quand même.
Même joli le contraste blanc jaune et rouge.
Autre parfaite réussite le crumble (un de mes desserts préféré si tu te rappelles), je m'étonne moi-même tellement je trouve ça bon, je me suis amusée à suivre ton conseil qui disait que cela pouvait être intéressant de mettre plusieurs « races » de pommes, j'ai mis golden, gala, granny-smith, le crumble « triple G » on va l'appeler.
Je n'ai pas trop senti la différence des pommes, Jérôme dit que si. Je sens que cette recette de crumble n'a pas fini d'être explorée avec des variantes. Seul hic, ce crumble ne dépasse pas le repas c'est une vraie ruée, donc impossible de le goûter un peu plus vieux.
Il y a aussi des petits loupés voir semi-échec. La crème brûlée au foie gras... n'ayant que deux ramequins j'ai tout divisé par trois dans la recette, je ne sais pas si la quantité de crème était insuffisante ou bien si j'ai mis les ramequins trop haut dans le four mais cela n'a pas donné l'effet crème brûlée, mais truc au foie gras qui se mariait quand même très bien avec le petit mélange pain d'épice noix. N'ayant pas l'air contente à la dégustation (cela va de soit aux chandelles en amoureux) j'ai dit qu'elle était ratée, Jérôme presque en colère « Non elle n'est pas ratée elle est délicieuse, elle est juste manquée ». D'où une nouvelle notion dans mon éventail culinaire : La recette manquée. (...)
Ah ! Oui, parlons de l'échec, lamentable décevant et très laid à voir... Nous avons refait des cookies au chocolat, manque de bol, plus de papier pour poser sur la plaque.
Donc j'ai beurré la plaque et là ça a fait comme une réaction chimique immonde (avec le beurre, imagine plutôt les dégâts le dégoût et l'odeur du beurre chaud ! Pierre et moi, nous étions au bord de l'évanouissement). Les cookies ont glissé sur les bords, se sont mélangés au beurre et le milieu n'a pas eu le temps de s'étaler donc n'a pas cuit.
On les a sortis, on les a goûtés et on les a jetés. Pas grave, j'aurai ma revanche ! Mais bon maintenant il va falloir que je mène une enquête pour trouver de la vergeoise !
Tiens le petit plus de la famille Lambert : les mots d'enfants.
Chaque semaine je collecte les petites phrases de mes chéris... Alexandre « travaille » son costume de mardi gras « j'ai décidé que je voulais être un pirate fantôme exotique », Caroline aussi se concentre sur son costume « Et bien moi je vais être une sorcière fantôme et toi, dit-elle en s'adressant à son frère, tu seras celui qui ne me tue pas » Alexandre : « Non, toi tu seras la sorcière qui nous a maudits ». Caroline « D'accord, je serai celle qui applaudit ! »
(...)

À bientôt
Christine

De : julie andrieu
Envoyé : mardi 12 février 2008 16:51
À : Christine
Objet : RE: Manquage c'est pas ratage !

Christine, nous sommes tjrs au Cameroun. L'ambiance est plutôt calme (politiquement) et l'on ne parle pas du tout du Tchad ici. (...) Ton mail m'a fait sourire, des bonnes mais aussi des recettes décevantes.
Alors, de loin et rapidement: les crèmes étaient peut être un peu épaisses, à quelques cl prés, ça change les temps de cuisson. Fais un test avec la quantité précise, dans les ramequins de la taille indiquée (très important)et tu me diras.
Cette recette est simple mais la place de l'improvisation est minime. Pour ce qui est des cookies, je suis surprise, en principe, le papier ne devrait pas changer grand-chose, si ce n'est éviter la surchauffe et permettre de les détacher plus facilement (et surtout de couper la cuisson immédiatement en retirant le papier de la plaque dès la sortie du four). N'oublie pas quand même de mettre la pâte au frais et de ne les cuire que sur une plaque froide. Enfin, les recettes manquées sont une de mes grandes spécialités.
Je les garde sous silence jusqu'à ce que la formule soit à peu prés ok mais mon fiancé, Paul, pourra te dire à quel point, moi non plus je ne suis pas à l'abri des approximations.
Mais c'est ça qui rend la cuisine amusante, le côté magique, aléatoire, pile ou face. Les mots d'enfants sont merveilleux.
La poésie est décidément héréditaire.

À très vite.
Julie

De : Christine LAMBERT
Envoyé : samedi 21 juin 2008 17:15
À : julie andrieu
Objet : RE : RE: Manquage c'est pas ratage !

Bonjour,

Ca y est nous avons vu l'intégralité de l'émission, quel plaisir et quelle joie pour toute la famille d'avoir ainsi rendez-vous avec nous à la télé. (...)
Trop cool ce week-end j'ai eu du monde, j'ai fait deux poulets à la canette et là, ça a été un vrai succès voir une attraction. Tout le monde qui venait regarder les deux poulets installés dans le four. L'odeur les rendait fou.
Une fois à table tout le monde à trouver cela délicieux.
Dois-je te parler de l'anniversaire d'Alexandre où nous avons fait 200 cookies mœlleux (tous dévorés en un après-midi).
Que dire du crumble... je te suis tellement reconnaissante de m'avoir montré cette recette. Trop facile, trop bon, j'ai essayé des variantes du style mettre de la poudre d'amande à la place des noix. Mais la recette que je préfère, c'est bien celle avec des noix tellement originale, en plus je mets des petits pignons sur le dessus... c'est divin.
Je colore aussi les pommes avec de la confiture de myrtille (je trouve cela ultrachic, ne me demande pas pourquoi).
On, j'ai (oui « j'ai » car c'est Jérôme maintenant qui m'assiste) essayé vraiment pas mal de trucs.
Et... roulement de tambour... le foie gras que tu as montré à la famille précédente, incroyable mais vrai j'ai réussi ta recette du foie gras micro-onde. Hum c'est bon.
En tout cas merci c'est génial.
En ce moment nous sommes en effervescence car nous préparons notre prochain périple 6 semaines dans les parcs américains du grand ouest, vive le dollar au plus bas !

À bientôt
Christine

index thématique

index des ingrédients

Remerciements

Un trop petit merci à tous ceux qui ont permis l'élaboration
de ce programme et de ce livre :
Christine, Jérôme, Pierre, Alexandre et Caroline Lambert
Ingrid, Hervé, Tom, Léa et Téo de Pomyers
Soazig, Jildas, Florence, Morgane, Astrid et Hermine Mahé

Yann l'Hénoret, Sylvaine Landon, Louise Denisot, Mathilde Petitjean, Bénédicte Richard, Nicolas Boero, Barbara Marc, Soraya Mangin, Cécilia Blachas, Amélie Thomas, Bob Foresta , Mathieu Hussenot, Vincent Boutrais, Myriam Cadette, Régis Fanget, Thierry Dessaint, Jérôme Benoit

Véronique Tassigny et Hélène Montibert-Courier chez Lesieur

Brigitte Huault Delannoy et Nathalie Amar chez TF1

Etienne et Maria Kempf de la Villa Stuart
La Villa Stuart 12, avenue de Paris
18700 Aubigny sur Nère - http://www.villastuart.com/

Jean Achar
Restaurant Le Bien Aller - Aubigny sur Nère 18700

Karym Bagoée, Isabelle Rozenbaum,

… Sans vous pas d'astuces, pas de fous rires et pas de bonnes recettes.

Stylisme des recettes :
Delphine de Montalier
Photographies :
Karym Bagoée
Isabelle Rozenbaum pour les photos des pages : 27, 63, 90, 110, 140, 155
Julie Andrieu, page 155 en bas à gauche

ISBN : 978-2-501-05857-5
Codification : 4011045 / 01
Dépôt légal : septembre 2008
Imprimé en Espagne par Graficas Estella